Friedrich Quack

GRUNDLAGEN DES PRIVATEN BAURECHTS

GRUNDLAGEN DES PRIVATEN BAURECHTS

von
Richter am BGH Professor Friedrich Quack, Karlsruhe

R W S - Grundkurs 7

 Verlag Kommunikationsforum GmbH
Recht Wirtschaft Steuern · Köln

Die Deutsche Bibliothek - CIP-Einheitsaufnahme

Quack, Friedrich:
Grundlagen des privaten Baurechts / von Friedrich Quack.
- Köln: Verl. Kommunikationsforum Recht, Wirtschaft,
Steuern, 1992
 (RWS-Grundkurs ; 7)
 ISBN 3-8145-0807-6
NE: GT

(C) 1992 Verlag Kommunikationsforum GmbH
Recht Wirtschaft Steuern, Postfach 27 01 25, 5000 Köln 1

Alle Rechte vorbehalten. Ohne ausdrückliche Genehmigung des
Verlages ist es auch nicht gestattet, das Skript oder Teile
daraus in irgendeiner Form (durch Fotokopie, Mikrofilm oder
ein anderes Verfahren) zu vervielfältigen.

Druck und Verarbeitung: Hundt Druck GmbH, Köln

Vorwort

Das vorliegende Skript soll nicht die vorhandene Einführungsliteratur zum privaten Baurecht um eine weitere Schrift gleicher Art erweitern. Es versucht vielmehr, sich gezielt auf das baurechtliche Grundwissen zu beschränken, über das auch ein kompetenter Allgemeinjurist in der Regel nicht verfügen wird. Es versucht ferner, Besonderheiten aufzuzeigen, die sich gerade für einen qualifizierten Juristen als Fallen erweisen können.

Dagegen wird bewußt auf Informationen verzichtet, die bei hinreichendem zivilrechtlichem Allgemeinwissen bekannt oder ohne weiteres zugänglich sind.

Schwerpunkte der Darstellung sind daher die Besonderheiten der baurechtlichen Begriffsbildung, die wesentlichen Besonderheiten des VOB-Vertrags sowie speziell baurechtliche AGB-Probleme.

Themen und Fragestellungen, die in der Vertrags- und Gerichtspraxis erkennbar kein besonderes Gewicht haben, werden nicht oder nur am Rande behandelt.

Dafür wird versucht, erfahrungsgemäß konfliktträchtige Probleme unter Hervorhebung der zugrundeliegenden Interessengegensätze herauszuarbeiten.

Karlsruhe, im Oktober 1992   Friedrich Quack

Inhaltsverzeichnis

Rz.

Teil 1
Verträge am Bau - Vertragsschluß, Vertragsinhalt   1-11

A. Vertragsgestaltung   1

1. Gesetzliches Grundmuster, Gestaltungsmöglichkeiten und Gestaltungsgrenzen bei AGB; Besonderheiten des VOB-Vertrags   2, 3

2. Elemente der üblichen Vertragsgestaltung (vor allem nach VOB/B)   4-9

    a) Allgemeines   4
    b) Auftragsschreiben   5
    c) Leistungsbeschreibung   6

        aa) Leistungsbeschreibung mit Leistungsverzeichnis, § 9 Nr. 6 - 9 VOB/A   7

        bb) Leistungsbeschreibung mit Leistungsprogramm   8

    d) Allgemeine Vertragsbedingungen, Allgemeine und Zusätzliche Technische Vertragsbedingungen, Besondere oder Zusätzliche Vertragsbedingungen   9

3. Typisches Konfliktpotential der üblichen Gestaltungspraxis   10

4. Vertragsmuster   11

B. Vertragstypen am Bau und ihre Auswirkungen auf die Leistungsbeziehungen   12-24

Bauleistungsverträge (Generalunternehmervertrag, Subunternehmervertrag), Verträge der Architekten und Sonderfachleute, der Generalübernehmer, Bauträger, Baubetreuer und Bautreuhänder; Projektsteuerung-Herstellung und Lieferung von Fertigteilen,- Lieferung von Baustoffen, Herstellung von Baustoffen, Arbeitnehmerüberlassung

Rz.

1. Allgemeines   12

2. Materielle Bauerrichtung (Generalunternehmer, Bau - Auftragnehmer, Hauptunternehmer, Subunternehmer)   13-17

   a) Generalunternehmer   14
   b) Bau-Auftragnehmer   15
   c) Haupt-Subunternehmer   16
   d) Auftraggeber/Auftragnehmer bzw. Besteller/Unternehmer   17

3. Kommerzielle Bauerrichtung   18-20

   a) Generalübernehmer   18
   b) Baubetreuer   19
   c) Bauträger   20

4. Planerisch-geistige Bauerrichtung (Architekten und Sonderfachleute)   21

5. Hilfsleistungen   22-24

   a) Baustofflieferanten   22
   b) Beratungsverträge   23
   c) Arbeitnehmerüberlassung   24

C. Preisvereinbarungen (Preistypen der VOB/B, Mengenklauseln, Preisvorbehalte, öffentliches Baupreisrecht)   25-31

   1. Preistypen der VOB/B   25-28

      a) Einheitspreise   25
      b) Pauschalpreise   26
      c) Stundenlohnarbeiten   27
      d) Selbstkostenerstattung   28

   2. Mengenklauseln   29

   3. Gleitklauseln und Preisvorbehalte   30

   4. Preisrecht für öffentliche Aufträge   31

- IX -

Rz.

D. Vertragsrechtliche Bedeutung der VOB
   Teil A, B, C
   (VOB/A - VOB/B - VOB/C
   "Rechtsnatur" und Bedeutung)   32-42

   1. VOB/B   32-35

   2. VOB/A   36-41

   3. VOB/C   42

E. Haftung für Verschulden bei Vertragsverhandlungen vor allem im Vergabeverfahren nach VOB/A   43-47

F. AGBG   48-54

   1. Allgemeines   48

   2. AGB und Individualvereinbarung   49

   3. AGB-Problematik der VOB/B   50 - 54

      a) Grundlagen   50, 51

      b) Einzelne beanstandete "Eingriffe"   52

   4. Bedeutung des Wegfalls der Privilegierung   54

G. Architektenvertrag unter besonderer Berücksichtigung von Honorarvereinbarungen   55-61

   Abschnitt 1
   Zum Architektenvertrag in allgemeinen   55

   Abschnitt 2
   Honorarrecht im einzelnen   56 - 61

   1. Grundlagen   56

   2. Honorarvereinbarung   57

      a) Honorarvereinbarung nur "bei Auftragserteilung"   58

Rz.

b)	Ausnahmefälle für Unterschreitungen	59
c)	Schriftform	60
d)	Mindestsätze	

3. Honorarberechnung und Rechnungsstellung 61

    a) Berechnungsgrundlagen 61
    b) Schlußrechnung 61

H. EG-Baurecht 62

Teil II
Vertragsabwicklung 63-75

Einleitung 63

A. Prüfungs-und Hinweispflichten 63, 64

  1. Allgemeines 63

  2. Hinweispflicht § 4 Nr. 1
     Abs. 4 VOB/B 65

  3. Prüfungs- und Hinweispflicht
     § 4 Nr. 3 VOB/B 66-68

  4. Verschuldensabwägung 69-73

    a) Problemstellung/Grundsätzliches 69, 70
    b) Verschuldensabwägung nur bei Fahrlässigkeit 71
    c) Beweisprobleme 72
    d) Einzelfälle aus der neueren Rechtsprechung (Beratungspflichten/Hinweispflichten bei neue Technik) 73-75

Rz.

B. Zusätzliche Leistungen ("Nachträge") 76-80

1. Allgemeines 76
2. Vertragsrechtliche Grundlagen 77
3. Regelung 78
4. Problemfälle 79
5. Rechtsprechung 80

C. Vorzeitige Vertragsbeendigung 81-87

1. Allgemeines 81
2. Übersicht über die Möglichkeiten vorzeitiger Vertragsbeendigung und ihre Folgen 82
3. Beendigungsgründe nach BGB allgemein 83
4. Freie Kündigung (auch "jederzeitige Kündigung") (BGB § 649, VOB/B § 8 Nr. 1) 84
5. Kündigung wegen Vermögensverfalls des Auftragnehmers (§ 8 Nr. 2 VOB/B) 85
6. Kündigung nach § 8 Nr. 3 VOB/B 86
7. Kündigung nach § 8 Nr. 4 87

D. Vertragsstrafen 88-91

1. Vertragsstrafe als Quote der Auftragssumme 88, 89
2. Formularmäßiger Vorbehalt der Vertragsstrafe bei Abnahme 90
3. Berechnung der Fristen (BGB/VOB/B) 91

- XII -

Rz.

E. Behinderungen/Verzögerungen 92-104

**1. Abschnitt
Verzögerungen**

1. Allgemeines 92
2. Beginn der Ausführung (§ 5 Nr. 2) 93
3. Förderungsverpflichtung (§ 5 Nr. 3) 94
4. Schadensersatz und Kündigung (§ 5 Nr. 4) 95
5. Verhältnis zum allgemeinen Leistungsstörungsrecht 96

**2. Abschnitt
Behinderungen**

1. Begriffe 97
2. Regelung § 6 VOB/B 98-103
   - a) Anzeigepflicht (Nr. 1) 98
   - b) Verlängerung von Ausführungsfristen (Nr. 2) 99
   - c) Verpflichtung zur Weiterführung der Arbeiten (Nr. 3) 100
   - d) Berechnung der Fristverlängerung (Nr. 4) 101
   - e) Schadensersatz (Nr. 6) 102
   - f) Längere Unterbrechungen (Nr. 5 und 7) 103
3. Verhältnis zu allgemeinen zivilrechtlichen Regelungen 104

F. Aufmaß und Abnahme 105-113

**1. Abschnitt
Aufmaß** 105, 106

Rz.

2. Abschnitt
Abnahme   107-113

   1. Allgemeines   107
   2. Abnahme nach bürgerlichem Recht   108
   3. VOB-Vertrag   109
   4. Teilabnahmen   110
   5. Abnahmeklauseln   111
   6. Regelungsvergleich BGB - VOB/B   112
   7. Funktionen und Wirkungen der Abnahme   113

G. Mängelansprüche   114-132

1. Abschnitt
Mangelbegriff   114-119

   1. Zusicherungen   115
   2. Regeln der Technik   116
   3. Fehlerfreiheit   117
   4. Zeitpunkt   118
   5. Hinweispflicht   119

2. Abschnitt
Ansprüche vor Abnahme   120-123

   1. Rechtsnatur/Regelungsvergleich
       BGB-VOB/B   120
   2. § 4 Nr. 6 VOB/B   121
   3. § 4 Nr. 7 VOB/B   122, 123
       a) Allgemeines   122
       b) Einzelheiten   123

Rz.

3. Abschnitt
Ansprüche nach Abnahme   124-127

1. Regelungsvergleich VOB/B-
   BGB-Werkvertrag   124

2. Der "kleine" und der "große"
   Schadensersatzanspruch nach
   § 13 Nr. 7 Abs. 1 und 2 VOB/B   125

   a) Der kleine Schadensersatz-
      anspruch, § 13 Nr. 7
      Abs. 1 VOB/B   126
   b) Der große Schadensersatz-
      anspruch, § 13 Nr. 7
      Abs. 2 VOB/B   127

4. Abschnitt
Vorteilsausgleich   128-132

1. Erfolgshaftung und Sowieso-Kosten   128, 129

2. Abgrenzung   130

3. Sonstiger Vorteilsausgleich   131

4. Vorteilsausgleich aufgrund ver-
   späteter Nachbesserung   132

H. Zahlungen   133, 134

1. Allgemeines   133

2. Begriffe   134

1. Abschnitt
Abschlagszahlungen   135-140

   a) Voraussetzungen   135
   b) Umfang   136
   c) Fälligkeit
      (§ 16 Nr. 1 Abs. 3 VOB/B)   137
   d) Gegenansprüche   138
   e) Sicherheitsabzüge in AGB   139
   f) Vorauszahlungsklauseln (AGB)   140

Rz.

2. Abschnitt Schlußrechnung/Schlußzahlung		141-144
1.	Allgemeines	141
2.	Begriffe	142
3.	Prüfbarkeit	143
4.	Schlußzahlung	144
5.	Rückforderung von Überzahlungen	145

I. Verjährung 146-162

Allgemeines 146

1. Abschnitt
BGB-Verjährung 147-159

1. Was ist ein Bauwerk? 148

2. Einzelfälle zum Bauwerk 149-152

    a) Heilzöltank 149
    b) Fertigteil-Schwimmbad 150
    c) Autohaushof 151
    d) Blumenladencontainer 152

3. Welche Arbeiten sind "bei Bauwerken" erbracht? 153-157

    a) Unterscheidungen: Welche Arbeiten "am Bauwerk" betreffen nur das Grundstück? 153
    b) Einzelheiten zu: Bauwerk/ Grundstück 154

       Einbauküche 155
       Teppichboden 156
       Alarmanlage 157

4. Arglist 158-159

    a) Übersicht 158
    b) "Organisationsmängel" als Arglist 159

Rz.

2. Abschnitt
VOB-Verjährung 160-161

1. Wirksamkeit 160

2. Inhalt 161

3. Abschnitt
Symptomtheorie 162

Teil III
Bauprozeß 163-169

1. Baubegleitende Rechtsberatung zur
   Verhütung und zur Vorbereitung von
   Bauprozessen 163

2. Schiedsgutachten und Schiedsgerichtsvereinbarungen 164, 165

   a) Schiedsgutachten 164
   b) Schiedsgerichtsvereinbarungen 165

3. Selbständiges Beweisverfahren
   (früher Beweissicherungsverfahren) 166

4. Besonderheiten des Bauprozesses 167-169

   a) Klageanträge 167, 168
   b) Besonderheiten des Vorschuß-
      prozesses 169

Teil 1
Verträge am Bau

A. Vertragsgestaltung

1. Gesetzliches Grundmuster, Gestaltungsmöglichkeiten und Gestaltungsgrenzen bei AGB; Besonderheiten des VOB-Vertrags

Das gesetzliche Grundmuster des Bauvertrags ist der Werkvertrag. Da der Gesetzgeber des BGB sich nicht am Bauvertrag, sondern an den Verträgen des Schusters und des Schneiders orientiert hat, nimmt das Gesetz auf die Bedürfnisse und Besonderheiten des Bauens keine sonderliche Rücksicht. Diese Besonderheiten sind vor allem die Beteiligung mehrerer Unternehmer und die gesellschaftsähnliche Risikosituation, die bei größeren Bauvorhaben zwischen dem Besteller und den Unternehmern besteht.

Trotzdem ist das Grundmuster des Gesetzes für die Abwicklung von Bauverträgen nicht ungeeignet. Vor allem entsprechen die Erfolgshaftung des Unternehmers, die Kündigungsmöglichkeit des Bestellers, die Nachbesserungsberechtigung des Unternehmers sowie die in der Tat am Bau orientierte Verjährungsregelung den Anforderungen an einen gerechten Interessenausgleich.

Sich das Grundmuster des Gesetzes zu verdeutlichen, ist besonders deshalb wichtig, weil das AGBG von ihm abweichende, nicht hinreichend legitimierte Regelungen mit Unwirksamkeit sanktioniert.

Die Erfolgshaftung ist prinzipiell das adäquate Äquivalent zur Leistungsverpflichtung des Bestellers. Für den Leistungserfolg und nicht für eine darunterliegende Zwischenstufe verspricht der Besteller den Preis. Die sachgerechte und mit dem Vertragsschluß beabsichtigte Äquivalenz besteht deshalb nur zwischen dem Preis und der Herstellung des Vertragserfolgs. Ein dahinter zurückbleibender Erfolg ist dem Preis nicht adäquat.

Leitentscheidungen des Bundesgerichtshofs zu dieser Problematik sind die sogenannten Flachdachfälle. Wer ein "Dach" bestellt, will Schutz gegen die üblichen Unbilden der Witterung und nicht nur eine irgendwelchen technischen Normen entsprechende Abdeckung, die diesen Schutz nicht gewährleistet.

Eine Zusammenfassung der Rechtsprechung findet sich in der Entscheidung

> BGH, Urt. v. 20.11.1986 - V 11 ZR 360/85,
> BauR 1987, 207 = ZfBR 1987, 71
> = SFH § 13 Nr. 5 VOB/B (1973) Nr. 40.

Das Nachbesserungsrecht drückt einen für den Werkvertrag typischen, im übrigen für das allgemeine Vertragsrecht nicht unadäquaten Gedanken aus. Es ist von der Interessensituation aus gesehen ein der Leistungsverpflichtung korrespondierendes Recht, das man dem Unternehmer nicht ohne weiteres nehmen kann.

3 Das Kündigungsrecht ist Ausdruck des Gedankens, daß nur der Besteller nicht auch der Unternehmer typischerweise am Leistungserfolg interessiert ist. Daraus folgt eine Lösungsmöglichkeit des Bestellers, die die Gewinnchancen des Unternehmers unberührt läßt.

Was die Verjährungsregelung angeht, so beruht sie auf rechtstatsächlichen Überlegungen des Gesetzgebers, nämlich auf der seinerzeit empirisch begründeten Überlegung, daß nennenswerte Bauschäden innerhalb der Verjährungsfrist auftreten und spätere Schäden gravierender Art nicht bekannt waren. Das erklärt die Zurückhaltung des Bundesgerichtshofs gegenüber Vertragsregelungen - einschließlich der VOB/B -, die hinter dem gesetzlichen Modell zurückbleiben.

2. Elemente der üblichen Vertragsgestaltung (vor allem nach VOB/B)

Auftragsschreiben, Leistungsbeschreibung mit Vorbemerkungen, Besondere Vertragsbedingungen. Zusätzliche Vertragsbedingungen usw., Ausführungsunterlagen, typisches Konfliktpotential der üblichen Gestaltungspraxis.

a) Allgemeines

Die Gliederung der Vertragsunterlagen, wie sie die VOB/B voraussetzt und die VOB/A für die öffentliche Hand vorschreibt, ist sachgerecht und zweckmäßig und deshalb auch ziemlich allgemein üblich. Sie entspricht den Anforderungen an eine sachgerechte, durchsichtige und Vergleiche erlaubende Kalkulation und Preisgestaltung. Sie ist prinzipiell auch geeignet, den die VOB/B ergänzenden Regelungsbedarf für ein Bauvorhaben zu ermitteln. Demgemäß finden sich diese Elemente in aller Regel auch bei Bauvorhaben, denen nicht die VOB/B zugrunde gelegt worden ist. Die Kenntnis der genannten Begriffe ist für die Formulierung wie für die Auslegung von Bauverträgen unerläßlich.

4

Bauverträge bedürfen keiner Form. Für die gewillkürte Schriftform gelten die allgemeinen Regeln. Ihre praktische Leistungsfähigkeit wird von Nichtjuristen häufig weit überschätzt.

b) Auftragsschreiben

5   Vertragsurkunden sind eher unüblich. Das weitgehend übliche Auftragsschreiben dokumentiert den Abschluß der Verhandlungen und das Verhandlungsergebnis. Es kann, soweit es neue vertragliche Regelungen enhält, nicht ohne weiteres den Vertragsinhalt festlegen oder modifizieren. Vielmehr gelten insoweit die Grundsätze über die Annahme mit Abweichungen, § 150 Abs. 2 BGB.

c)   Leistungsbeschreibung

6   Leistungsbeschreibung ist die Gesamtheit der Angaben über den konkret geschuldeten Leistungserfolg. Die VOB/A unterscheidet die Leistungsbeschreibung mit Leistungsverzeichnis und die Leistungsbeschreibung mit Leistungsprogramm.

aa)   Leistungsbeschreibung mit Leistungsverzeichnis, § 9 Nr. 6 - 9 VOB/A

7   Zu dieser Leistungsbeschreibung gehören neben der allgemeinen Darstellung der Bauaufgabe das Leistungsverzeichnis und in aller Regel auch Pläne. Das Leistungsverzeichnis gliedert die Leistungen nach technischer Beschaffenheit und einheitlicher Kalkulierbarkeit (näheres: § 9 Nr. 9 VOB/A). Beim Einheitspreisvertrag bildet es auch die Grundlage für die Abrechnung.

Diese Vergabetechnik überläßt dem Unternehmer lediglich die Kalkulation der Preise, während sie die Planung im wesentlichen dem Auftraggeber zumutet.

Vertragsrechtlich kann diese Vertragstechnik zum Streit darüber führen, welche nicht ausdrücklich beschriebenen Leistungen vom vertraglichen Leistungsumfang mitumfaßt sind. Das ist bei den an anderer Stelle im Vertrag aufgeführten Leistungen, die VOB/A nennt unter § 9 Nr. 8 die Vertragsbedingungen und die Technischen Vertragsbedingungen, nur ein Problem der wirksamen Einbeziehung nach AGBG. In der unter Nr. 8 weiterhin aufgeführten gewerblichen Verkehrssitte steckt hingegen ein gewisses Konfliktpotential aus dem Bereich der "unvollständigen Leistungsbeschreibung".

Es ist weitgehend üblich, das Leistungsverzeichnis mit "Vorbemerkungen" anzureichern, die vom Charakter her allgemeine Vertragsbedingungen und AGB-rechtlich im Unterschied zur eigentlichen Leistungsbeschreibung häufig AGB sind. Selbstverständlich macht die bloße äußere Zuordnung solcher Vorbemerkungen diese nicht zu Individualvereinbarungen.

bb) <u>Leistungsbeschreibung mit Leistungsprogramm</u>

Es handelt sich hierbei um eine Ausschreibungstechnik, die im Gegensatz zum Leistungsverzeichnis nicht nur die Kalkulation, sondern auch die Ausarbeitung der technischen Vertragsunterlagen, vor allem die Vollständigkeit der erforderlichen Leistungen im einzelnen und die Kalkulation der Mengen dem Unternehmer überläßt (vgl. § 9 Nr. 12 VOB/A). 8

d) <u>Allgemeine Vertragsbedingungen, Allgemeine und Zusätzliche Technische Vertragsbedingungen, Besondere oder Zusätzliche Vertragsbedingungen</u>

Diese Begriffe verweisen auf die Formularbedingungen der öffentlichen Hand. Mit Allgemeine Technische Vertragsbedingungen ist in erster Linie die VOB/C gemeint. Die Vertragsformulare finden sich im Vergabehandbuch. 9

Regelungselemente für Zusätzliche Vertragsbedingungen ergeben sich aus § 10 Nr. 4 VOB/ A.

Für Verträge von Privaten untereinander ist die Verwendung so oder ähnlich bezeichneter Regelwerke weitgehend üblich. Es handelt sich dabei in aller Regel um AGB. Es empfiehlt sich, für sie die Bezeichnungen von § 1 Nr. 2 VOB/B zu verwenden und genau zu prüfen, ob die dort normierte "Rangordnung" den Absichten entspricht (s. hierzu auch Rz. 10).

3. Typisches Konfliktpotential der üblichen Gestaltungspraxis

10 Die genannten Gestaltungselemente sind für den Bauvertrag typisch. Sie entsprechen wohl praktischen Erfordernissen, können aber bei unbedachter Handhabung zu Auslegungsschwierigkeiten und zu gravierenden Konflikten sowie zu für alle Beteiligten überraschenden Ergebnissen führen. Vor allem ist das unbedachte Aneinanderhängen von geringfügig im Wortlaut variierenden Vertragsbedingungen ein Mißstand. Die Vertragspraxis sucht die Schwierigkeiten durch Rangklauseln zu umschiffen, die an § 1 Nr. 2 VOB/B orientiert sind. Das ist ein prinzipiell ungeeigneter Weg. Die Gründe ergeben sich weitgehend aus einer Entscheidung des Bundesgerichtshofs:

BGH, Urt. v. 21.3.1991 - VI 1 ZR 110/90, BauR 1991, 458;

vgl. hierzu ferner:
Quack, BauR 1992, 18.

Es ist folgendes festzuhalten:

Die gesetzlich gebotene Vertragsauslegung nach §§ 133, 157 BGB läßt sich durch Rangklauseln nicht verhindern. Vor allem ist nicht zu verhindern, daß ein unklarer Vertrag zunächst auf Auslegungsmöglichkeiten untersucht wird, die ihn insgesamt als widerspruchsfrei erscheinen lassen. Da die juristische Dogmatik davon ausgeht, daß die Parteien den Vertrag insgesamt als sinnvoll gewollt haben, steht die Vermeidung des Widerspruchs durch Interpretation stets vor der Anwendung von Widerspruchsregeln.

Mit der Formulierung von Rangklauseln für den Fall des Widerspruchs läßt sich die Rangregelung des AGBG, daß nämlich die Individualabrede immer vor AGB gilt, nicht unterlaufen. Zu beachten ist vor allem auch, daß nicht die Überschrift, sondern die Sache die Individualabrede ausmacht. Deshalb bringt es zum Beispiel gar nichts, wenn man das - in der Regel Individualabreden enthaltende - Leistungsverzeichnis mit Vorbemerkungen vom Typ AGB anreichert. Das sichert natürlich keinerlei AGB-rechtlichen Vorrang.

4. <u>Vertragsmuster</u>

Die VOB/B ist zwar eine Vertragsordnung für Bauverträge, sie setzt aber eine Ergänzung durch Vertragsbedingungen voraus. Umfangreiche auf die VOB/A und B abgestimmte Vertragsmuster für Bauverträge enthält das "Vergabehandbuch" des BM-Bau, Verlag und Vertrieb Deutscher Bundes-Verlag GmbH, Südstraße 119, 5300 Bonn 2.

11

Zahlreiche Formulierungsvorschläge für Einzelbestimmungen macht <u>Kleine-Möller/Merl/Oelmeier</u>, Handbuch des privaten Baurechts, München 1992.

Vollständige Vertragsordnungen für Bauverträge sind die FIDIC-Bauvertragsbedingungen (CONDITIONS OF CONTRACT FOR WORKS OF CIVIL ENGENEERING CONSTRUCTION) und die FIDIC E & M-Bedingungen (... FOR ELECTRIC AND MECHANICAL WORKS ...),

  abgedruckt bei Nicklisch/Weick, VOB, 2. Aufl., als Anhang II und III.

Die FIDIC-Bedingungen sind durchaus auch als Anregungen für die eigene Vertragsgestaltung brauchbar.

B. Vertragstypen am Bau und ihre Auswirkungen auf die Leistungsbeziehungen

Bauleistungsverträge (Generalunternehmervertrag, Subunternehmervertrag), Verträge der Architekten und Sonderfachleute, der Generalübernehmer, Bauträger, Baubetreuer und Bautreuhänder; Projektsteuerung; Herstellung und Lieferung von Fertigteilen; Lieferung von Baustoffen, Herstellung von Baustoffen; Arbeitnehmerüberlassung.

1. Allgemeines

12 Die hier und in der Praxis so genannten Vertragstypen sind keine Typen im Sinne des Besonderen Schuldrechts des BGB. Es geht vielmehr um typische Muster der Vertragsgestaltungspraxis, also der sogenannten Kautelarjurisprudenz. Daneben handelt es sich auch um bautypische Aufgabenbereiche, die sich für die arbeitsteilige Erstellung von Bauwerken herausgebildet haben.

Was hieraus folgt, wird häufig nicht hinreichend beachtet, wenn die genannten "Typen" mehr oder minder lapidar mit einem bestimmten, natürlich meistens einem verbreiteten Inhalt beschrieben werden, als ob es zwingende Figuren wären. Anders als bei den Typen des BGB verweisen die Typen der Kautelarjurisprudenz nicht auf ein festliegendes und nur durch bestimmte Vereinbarung zu veränderndes Muster. Vielmehr muß der Inhalt der unter der Typenbezeichnung gemeinten Vereinbarungen stets konkret ermittelt werden und es ist auch durchaus möglich, daß sich unter einer bestimmten Bezeichnung eine andere Figur verbirgt, etwa unter der Bezeichnung "Generalunternehmer" ein "Generalübernehmer" oder ein "Bauträger", und natürlich auch umgekehrt.

Dabei ist die terminologische Verfestigung im einzelnen sehr unterschiedlich. Für den Bauträger gibt es eine Legaldefinition in der Makler- und BauträgerVO, die allerdings nicht als zivilrechtlicher Vertragstyp, sondern als Anknüpfungspunkt für öffentlich-rechtliche Pflichten zu verstehen ist. Die Bauleistung etwa wird für den Anwendungsbereich von VOB/A und B in § 1 VOB/A definiert, was jedenfalls nach der Rechtsprechung des Bundesgerichtshof für die Abgrenzung des Pflichtenkreises eines Auftragnehmers, der neben Bauleistungen auch andere übernimmt, von erheblicher Bedeutung sein kann,

BGH, Urt. v. 17.9.1987 - VII ZR 166/86,
BGHZ 101, 369 = BauR 1987, 702
= ZfBR 1988, 33 = WM 1988, 58
= NJW 1988, 142.

Bei anderen Figuren sind die Abgrenzungen auch in der Bezeichnungspraxis fließend, etwa zwischen Generalunternehmer und Generalübernehmer.

Überhaupt kann man sich in diesem gesamten Bereich nicht am Gesagten festhalten, sondern muß sich des Gemeinten vergewissern.

Mit den damit formulierten Vorbehalten werden hier die üblichen Bezeichnungen anhand der üblichen Inhalte im folgenden kurz gekennzeichnet, was man aus den genannten Gründen, um einem verbreiteten Irrtum vorzubeugen, keinesfalls als "Definition" mißverstehen darf.

2. Materielle Bauerrichtung

13 Generalunternehmer, Bau-Auftragnehmer, Hauptunternehmer, Subunternehmer

Den Begriffen ist gemeinsam, daß sie Verträge beschreiben, bei denen die Erbringung von Bauleistungen durch den Unternehmer im Vordergrund steht. Dabei ist "Erbringung" nicht dahin zu verstehen, daß das Unternehmen selbst den Leistungserfolg herbeiführt, es reicht, wenn es dazu schuldrechtlich verpflichtet ist. Das wird besonders deutlich beim Generalunternehmer.

a) Generalunternehmer

14 Generalunternehmer ist ein - "sagen wir Bau"-Unternehmer, der sich zur Erstellung eines Bauwerks insgesamt verpflichtet. Typisch für den Vertrag zwischen Auftraggeber und Generalunternehmer sind zwei Elemente. Zum einen geht es um eine Bauleistung, die eine (meist komplexe) bauliche Anlage insgesamt umfaßt. Zum andern geht es - ausdrücklich oder stillschweigend - darum, daß der Generalunternehmer, wenn überhaupt, nur einen mehr oder minder geringen Teil der Bauleistung selbst erbringt und im übrigen Subunternehmer heranzieht. Im Grenzfall ist der Generalunternehmer ein Händler mit Subunternehmerleistungen, der selbst überhaupt nicht baut.

b) Bau-Auftragnehmer

Der Bau-Auftragnehmer ist sozusagen das Urbild und Grundmuster des Unternehmers, der mit seinem Unternehmen die vertraglich vereinbarte Leistung erbringt. 15

c) Haupt-Subunternehmer

Haupt-Subunternehmer bezeichnet eine Relation zum baulichen Leistungserfolg. Der Hauptunternehmer hat - mit dem Bauherren oder dem Generalunternehmer (dann ist er im Verhältnis zu diesem selbstverständlich auch Subunternehmer) einen Vertrag über eine Bauleistung. Für Teile - oder auch die ganze Bauleistung - zieht er einen anderen Unternehmer heran. Die Figur leistet zunächst keine juristischen Erklärungen, beschreibt vielmehr nur einen Sachverhalt, den das BGB im Verhältnis zum Auftraggeber mit "Erfüllungsgehilfe" einordnet. Da dem Subunternehmer im VOB/B-Vertrag aber unter Umständen ein Durchgriff auf den Auftraggeber möglich ist, ist in beschränktem Umfang an ihn zu denken. 16

d) Auftraggeber/Auftragnehmer bzw. Besteller/Unternehmer

Zuletzt noch: Auftraggeber/Auftragnehmer bzw. Besteller/Unternehmer. Die beiden Begriffspaare sind in dem Sinne synonym, daß jeder Auftraggeber auch Besteller im Sinne des BGB ist, bzw. Auftragnehmer der Unternehmer im Sinne des BGB ist. 17

Der Sprachgebrauch des Bundesgerichtshofs unterscheidet insoweit. Er nennt den Besteller des Werkvertrags, wenn er einen VOB/B-Vertrag abgeschlossen hat, Auftraggeber, bzw. den Unternehmer entsprechend Auftragnehmer. Mit anderen

Worten: Die "Besteller" (BGB-Terminologie) des VOB/Vertrags heißen Auftraggeber und die Unternehmer des VOB/B-Werkvertrags heißen Auftragnehmer.

Der sachliche Unterschied, den man damit formuliert sehen kann, ist, daß man mit Auftraggeber/Auftragnehmer auf das spezielle Rechts- und Pflichtenverhältnis des VOB/B-Vertrags zurückgreift, während man mit Besteller/Unternehmer nicht mehr als die Vertragspartner des BGB-Werkvertrags anspricht.

3. Kommerzielle Bauerrichtung

a) Generalübernehmer

18 Als Generalübernehmervertrag bezeichnet man einen Vertragstypus, der dem Generalunternehmervertrag verwandt, in der Interessenlage aber nicht vergleichbar ist. Am besten verdeutlicht man sich den Unterschied mit den Grundfiguren des Handelsrechts. Der Generalübernehmer ist gewissermaßen der Einkaufs-Kommissionär des Bauherrn, der Generalunternehmer hingegen "verkauft" dem Bauherrn die von ihm irgendwie beschaffte Bauleistung.

Die Unterschiede zwischen den eigentlichen Bauverträgen und dem Generalübernehmervertrag werden sofort deutlich, wenn man sie nach BGB einordnet. Während die genannten Bauverträge sämtlich als Werkverträge einzuordnen sind, ist der Generalübernehmervertrag ein Geschäftsbesorgungsvertrag.

b) Baubetreuer

Als Baubetreuer wird in der Regel angesehen, wer im Namen und auf Rechnung des Eigentümers/Bauherren/Auftraggebers die Errichtung eines Bauwerks technisch und wirtschaftlich vorbereitet und durchführt.

19

c) Bauträger

Dagegen errichtet der Bauträger das Bauwerk im eigenen Namen und - meist - auf eigenem, erst später zu Eigentum zu übertragenden Grund.

20

Nach der Rechtsprechung des Bundesgerichtshofs handelt es sich beim Bauträgervertrag um einen einheitlichen Vertrag, also nicht um ein Bündel von Einzelverträgen. Dieser Vertrag ist aus verschiedenen Typen des besonderen Schuldrechts zusammengesetzt (sogenannter gemischter Vertrag),

> BGH, Urt. v. 5.4.1979 - VII ZR 308/77,
> BauR 1 979, 337 = ZfBR 1979, 151
> = WM 1979, 781 = NJW 1979, 1406,
> (m. Anm. Brambring und Schippel,
> NJW 1979, 1802;
> Anm. Peters, JZ 1979, 501;
> Anm. Stürner, JR 1979, 501;
> Anm. Liesegang, DNotZ 1979, 741;
> Anm. Thomas, BGHZ 74, 204.

Dieser einheitliche Vertrag enthält Elemente des Werkvertragsrechts und des Werklieferungsvertrags, wenn es um Grundstückserwerb geht, des Kaufs, sowie - je nach Gestaltung der Vertragsbeziehungen im einzelnen - Elemente aus dem Auftrags- bzw. Geschäftsbesorgungsrecht.

> BGH, Urt. v. 12.7.1984 - VII ZR 268/83,
> BGHZ 92, 123 = BauR 1084, 634
> = ZfBR 1984, 220 = WM 1984, 1337
> = NJW 1984, 2573.

Eine zusammenfassende Darstellung der Rechtsnatur des Bauträgervertrages und der sich daraus ergebenden Folgerungen enthält die Entscheidung

> BGH, Urt. v. 21.11.1985 - VII ZR 366/83,
> BGHZ 96, 275 = BauR 1986, 208
> = ZfBR 1986, 19 = WM 1986, 232
> = NJW 1986, 925.

4. Planerisch-geistige Bauerrichtung

Architekten und Sonderfachleute

21 Der Architekt plant, verwirklicht, überwacht, kontrolliert und rechnet die Bauleistung insgesamt ab, der Sonderfachmann plant in der Regel nur, und zwar auch nur einen Teilbereich, etwas Statik, Heizung und Lüftung, Entwässerung etc. Als Vertragsmuster gibt es von den Verbänden empfohlene Einheitsverträge. Daneben gibt die Honorarordnung für Architekten und Ingenieure zu den typischen Leistungsbildern wesentliche Hinweise, freilich keine "Vorschriften" und nicht einmal dispositive gesetzliche Modelle. Nach BGB handelt es sich sämtlich um Werkverträge. Das gilt auch für die "Bauführung" des Architekten, also die reine Bauüberwachung, selbst wenn sie allein übernommen worden ist,

> BGH, Urt. v. 22.10.1981 - VII ZR 310/79,
> (ergangen zu § 19 Abs. 4 GOA),
> BGHZ 82, 100 = BauR 1082, 79
> = ZfBR 1982, 15 = WM 1982, 94
> = NJW 1982, 432.

5. Hilfsleistungen

a) Baustofflieferanten

Die Grenze von - dem Kaufrecht zuzuordnenden - Lieferverträgen über Material und dem Bauerrichtungsrecht zuzuordnenden Werklieferungsleistungen ist keineswegs immer klar und eindeutig zu fassen. Grenzfälle sind etwa Fenster- und Türlieferungen, instruktiv ist auch der Fall "Filterbeschichtung" aus der BGH-Rechtsprechung,

22

BGH, Vorlagebeschl. EuGH v. 26.3.1992
- VII ZR 258/91, noch nicht veröffentlicht
(Vorlagebeschluß an den EUGH,
Fensterlieferung);

BGH, Urt. v. 26.4.1990 - VII ZR 345/88,
BauR 1990, 603 = ZfBR 1990, 222
= WM 1990, 1625 = NJW-RR 1990, 608
(Filterbeschichtung).

b) Beratungsverträge

Die Rechtsprechung zeigt zunehmend Neigung, den Lieferanten oder Hersteller, der sich zu der konkreten Eignung seiner Waren für ein bestimmtes Bauwerk äußert, als "Berater" in die Pflicht zu nehmen;

23

BGH, Urt. v. 30.5.1990 - VIII ZR 367/89,
BauR 1990, 624 = ZfBR 1990, 178
= WM 1990, 1469 = NJW-RR 1990, 1309;

BGH, Urt. v. 19.3.1992 - III ZR 170/90,
WM 1992, 1246.

c) Arbeitnehmerüberlassung

24 Das entgeltliche "Verleihen" von Arbeitnehmern ist genehmigungsbedürftig (AÜG, § 12a AFG), Verstöße sind ordnungswidrig und führen zur Nichtigkeit des Vertrags, freilich nicht auch zum völligen Wegfall von Ansprüchen, vgl. etwa

BGH, Urt. v. 8.11.1970 - VII ZR 337/78,
BGHZ 75, 299 = BauR 1980, 186
= ZfBR 1980, 77 = WM 1980, 133
= NJW 1989, 452;

vgl. auch - zur sog. Schwarzarbeit -
BGH, Urt. v. 31.5.1990 - VII ZR 336/89,
BGHZ 111, 108 = ZIP 1990, 1086
= BauR 1990, 721 = ZfBR 1990, 271
= WM 1990, 1669 = NJW 1990, 2542.

Abzugrenzen ist die genehmigungsbedürftige Arbeitnehmerüberlassung einerseits zur "Freistellung", bei der ein Arbeitnehmer auf Zeit einem anderen Unternehmen als dessen Arbeitnehmer überlassen wird, andererseits zu zulässigen Subunternehmerverträgen.

Problematisch ist nicht die bewußte und legale Arbeitnehmerüberlassung. Schwierigkeiten macht vielmehr in erster Linie die bewußte oder unbewußte Umgehung des Verbots durch Subunternehmerverträge, Abordnungen u.ä. Es empfiehlt sich, im Grenzbereich bei Vereinbarung von Subunternehmerverträgen auf die Kriterien der Arbeitsverwaltung Rücksicht zu nehmen (Dienstblatt BfA 72/86 vom 5.5.1986) und Gestaltungsformen zu meiden, die mehr oder minder in die Richtung von Dienstverträgen weisen.

C. Preisvereinbarungen

Preistypen der VOB/B, Mengenklauseln, Preisvorbehalte, öffentliches Baupreisrecht

1. Preistypen der VOB/B

a) Einheitspreise

Der Einheitspreis ist ein Preis pro Maßeinheit. Der Werklohn ergibt sich also erst durch die "aufgemessene" Menge multipliziert mit dem Einheitspreis. Nach § 2 VOB/B ist der Einheitspreisvertrag die Regel.

25

Im VOB-Einheitspreisvertrag ist aber der Einheitspreis von der veranschlagten Gesamtmenge nicht völlig losgelöst. Vielmehr geht die VOB/B davon aus, daß die erforderliche Gesamtmenge im Leistungsverzeichnis veranschlagt wird.

Mengenabweichungen sind dann nur in einem verhältnismäßig engen Rahmen (+/- 10 %) für den Preis ohne Bedeutung (Einzelheiten vgl. § 2 Nr. 3 VOB/B). Selbstverständlich kommen auch Einheitspreise ohne Bezug auf eine Gesamtmenge vor. Bei der öffentlichen Hand ist das unter Umständen ein Verstoß gegen die VOB/A, bei Privaten ist es nicht weiter beschränkt.

b) Pauschalpreise

Der Pauschalpreis (auch Pauschalfestpreis, Pauschalendpreis) ist ein Preis, der insgesamt ("pauschal") für den werkvertraglichen Erfolg vereinbart wird. In dieser Form ist er der normale Preis für Werkleistungen, den sich das BGB vorstellt.

26

In der Praxis kommen Pauschalpreise hauptsächlich bei ganz kleinen und bei sehr großen Vorhaben vor. Für den Generalunternehmervertrag ist der Pauschalpreis eine nachgerade typische Gestaltung. Sonst sind sie nur in bestimmten Bereichen (etwa beim Bau von Einfamilienhäusern) häufiger anzutreffen.

In der Praxis allgemein verbreitet sind dagegen Teilpauschalpreise, also Pauschalpreise für einzelne Positionen des Leistungsverzeichnisses (z.B. Baustelleneinrichtung, Wasserhaltung). Für solche Teilpauschalen gelten die gleichen Grundsätze wie für Gesamtpauschalpreise.

c) <u>Stundenlohnarbeiten</u>

27 Nach Stundenlöhnen ("Regie") ist nach den Vorstellungen der VOB/B nur ausnahmsweise abzurechnen. Der Stundenlohnpreis ist für den Besteller extrem ungünstig, weil er Organisations-, Qualitäts- und Seriositätsdefizite im Arbeitnehmerbereich auf den Besteller verlagert.

d) <u>Selbstkostenerstattung</u>

28 Der Vollzug eines solchen Vertrags ist ohne detaillierte vertragliche Einzelregelungen praktisch kaum möglich (vgl. etwa die LSP-Bau = Anlage zur Baupreisverordnung 1972, s. hierzu im folgenden Rz. 31).

2. <u>Mengenklauseln</u>

29 Mengenklauseln sind an sich ein Problem des Einheitspreisvertrags, die Interessensituation kann allerdings in ähnlicher Weise auch beim Pauschalpreisvertrag auftauchen.

Für den Einheitspreisvertrag regelt das § 2 Nr. 3 VOB/B. Die Regelung bezieht sich nur auf den Fall, daß die ursprünglich geplante Menge nicht im voraus exakt erfaßt worden ist, nicht aber auf spätere Anordnungen des AG oder auf eigenmächtige Maßnahmen des AN.

§ 2 Nr. 3 VOB/B löst das Problem sachgerecht in der Weise, daß Mengenüber- und Mengenunterschreitungen bis 10 % unbeachtlich sind und daß bei größeren unter Zugrundelegung der ursprünglichen Preisbildung ein neuer Preis zu vereinbaren ist.

Als Mengenklauseln werden in der Praxis Vertragsklauseln bezeichnet, die in weit größerem Rahmen die vereinbarten Preise festhalten. In AGB ist das bei Über-/Unterschreitungen mit höheren Prozentsätzen (genannt werden 20 %) nicht unproblematisch.

3. Gleitklausein und Preisvorbehalte

Die Praxis des Bauvertrags kennt als Preisvorbehalte die Gleitklauseln für Löhne und für Baustoffe.

Währungsrechtlich verhältnismäßig unproblematisch sind die in den Vertragsmustern des Bundes enthaltenen Klauseln. Es empfiehlt sich nicht, ohne Not und da erst nach sorgfältiger Prüfung andere Klauseln in den Vertrag einzuführen. Eine gute Übersicht über die darüber hinausgehenden Gestaltungsmöglichkeiten enthält

> Kleine-Möller/Merl/Oelmeier, Handbuch
> des privaten Baurechts, § 2 Rz. 210 ff.

Im folgenden werden nur die Klauseln des Vergabehandbuchs des Bundes vorgestellt.

Die Klauseln ergeben sich aus EVM (B) Erg LG1 und EVM (B) StG1, beide zu § 2 VOB/B und Nr. 10 BVB (Zusatzvereinbarung).

4. Preisrecht für öffentliche Aufträge

31 Literatur:

Ebisch, Helmuth und Joachim Gottschalk, fortgeführt von Werner Knauss und Johann K. Schmidt, Preise und Preisprüfungen bei öffentlichen Aufträgen einschl. Bauaufträge, Kommentar, 5. Aufl., München 1987, Vahlen

Michaelis, Hans u.a., Preisbildung bei öffentlichen Aufträgen, Loseblattsammlung, Wiesbaden 1990, Forkel Verlag

Müller, Rainer, Preisgestaltung bei Bundesaufträgen, 2. Aufl., 1990, Neue Darmstädter Verlagsanstalt

Für öffentliche Aufträge gilt das Preisrecht der VO PR Nr. 1/72 (BAnz 1 072 Nr. 49), zuletzt geändert durch VO PP 1/89 vom 13.6.1989.

Es handelt sich um Höchstpreisvorschriften. Verstöße sind ordnungswidrig, führen aber nicht zur Nichtigkeit des Vertrags, sondern zur Rückführung auf den zulässigen Höchstpreis.

D. Vertragsrechtliche Bedeutung der VOB Teil A, B, C

VOB/A - VOB/B - VOB/C
"Rechtsnatur" und Bedeutung

Die VOB ist gegliedert in die Teile A, B und C. Diese Bezeichnung wirkt häufig außerordentlich irreführend. Legt sie doch eine Gleichartigkeit nahe, die in keiner Weise gegeben ist. Tatsächlich handelt es sich nach Charakter und vertragsrechtlicher Bedeutung um ganz unterschiedliche Regelwerke.

1. VOB/B

Die VOB/B enthält ein - teilweise als Quasi-Rechtsnorm formuliertes - Vertragsmuster für den Bauvertrag. Dieses Muster ist zwar weit detaillierter als das gesetzliche Werkvertragsrecht, aber jedenfalls nicht in dem Sinne vollständig, daß ergänzende vertragliche Bestimmungen regelmäßig entbehrlich sind. Das bedeutet: Vereinbart man "Preis, Leistung und VOB/B", so hat man ein Vertragswerk, das zwar den Besonderheiten des Bauvertrags weit eher gerecht wird als die Vereinbarung "Preis, Leistung, Werkvertrag BGB", man kann aber nicht darauf vertrauen, daß sich aus den konkreten Bedingungen der Fallgestaltung keine offenen Fragen mehr ergeben werden. Vielmehr ist die VOB/B als Regelwerk strukturell ähnlich offen, wie es eine spezialgesetzliche Regelung des Bauvertrags sein müßte.

32

Die VOB/B ist keine Rechtsnorm. Das bedeutet: Sie kann Vertragsinhalt nur durch Rechtsgeschäft, also über den Willen der am Vertragsschluß Beteiligten, werden. Sie "gilt" nur kraft Vereinbarung für den konkreten, jeweils einzelnen Vertrag. Eine darüber hinausgehende "Wirkung" kann sie allenfalls über die Auslegungsregel des § 157 BGB gewinnen. Dann muß aber die jeweils infrage stehende einzelne VOB/B-Bestimmung nachweisbar Verkehrssitte sein, was sich von zahlreichen Bestimmungen rein tatsächlich nicht sagen läßt. Zum andern muß der Vertrag eine Offenheit aufweisen, die den Rückgriff auf die Verkehrssitte zur Auslegung überhaupt erlaubt.

33

34 Vertragsrechtlich enthält die VOB/B ferner Allgemeine Geschäftsbedingungen bzw. Vertragsformulare im Sinne des AGBG. Sie ist nach dem AGBG teilweise privilegiert. Das hat allerdings die Rechtsprechung des Bundesgerichtshofs sehr eingeschränkt (s. hierzu F. AGBG). Die Einbeziehungsvoraussetzungen sind nicht prinzipiell anders als bei anderen AGB. Wichtig ist, daß die jeweils einzelnen Bestimmungen Formularklauseln sind und daß sie diesen Charakter weder durch - sei es auch nicht ausdrücklich zitierende - Wiederholung noch durch Zitat in einem individuell vereinbarten Vertrag verlieren.

35 Obwohl die VOB/B inhaltlich als ein im ganzen gelungenes Regelwerk bewertet werden kann, neigt die Vertragspraxis dazu, sie durch überflüssige und häufig auch mißglückte AGB-Regelungen zu ergänzen und abzuändern.

Das hat vor allem folgende Nachteile:

> Die AGB-rechtliche Wirksamkeit solcher Regelungen ist im voraus häufig nicht zuverlässig zu beurteilen.

> Der Inhalt der Vereinbarung ist im Streitfall weit weniger zuverlässig zu ermitteln als bei VOB/B-Bestimmungen.

Beides fördert Konflikte und Pressionen und erhöht das Vertragsrisiko.

2. VOB/A

36 Die VOB/A ist ein Regelwerk, das Bedingungen des Vertragsschlusses weitgehend unter spezieller Berücksichtigung der Bedürfnisse der öffentlichen Hand für Vergaben durch öffentliche Ausschreibung formuliert. Man kann sie als eine

Verfahrensregelung für den Vertragsschluß bezeichnen. Anders als die VOB/B, die sich mit Recht einer gewissen allgemeineren Verbreitung erfreut, ist die VOB/A ein Regelwerk, das als solches fast nur im öffentlichen Auftragswesen und bei mittelbar durch öffentliches Haushaltsrecht bestimmten Vergaben praktisch bedeutsam wird. Allerdings sind eine Reihe von Begriffsbestimmungen für das Verständnis von Bauverträgen allgemein von Interesse (s. Rz. 41 f).

Die VOB/A ist keine Rechtsnorm;

> BGH, Urt. v. 21.11.1991 - VII ZR 203/90,
> BauR 1992, 120 = ZfBR 192, 67
> = WM 1992, 358 = NJW 1992, 827.

Das wird zwar überall gesagt, aber keineswegs immer geglaubt. Es sind im Baubereich, sei es bei Verbänden und Unternehmern, sei es bei Fachschriftstellern, sei es schließlich auch bei den Gerichten zahlreiche Argumentationsmuster zu finden, die stillschweigend von einer normativen Wirkung der VOB/A ausgehen. Das ist ein grober Fehler, der zudem mit Sicherheit zu folgenreichen Fehlbeurteilungen bei Rechten und Pflichten führt.

Daraus, daß die VOB/A keine Rechtsnorm ist, folgt: 37

> Jede Argumentation, die unmittelbar aus einem "Verstoß" gegen die VOB/A zugunsten des Vertragspartners Rechtsfolgen herleitet, ist falsch.

> Falsch sind auch alle Argumentationen, die die VOB/A als gesetzliche Regelung i.S.v. § 9 AGBG behandeln.

> Bedenklich sind Argumentationen, die die VOB/A als AGB im Sinne des AGBG behandeln. Das AGBG nimmt nur in einer Bestimmung, und da jedenfalls nach den Absichten des Gesetzgebers mit verbraucherschützender

Tendenz, auf den Vertragsschluß Bezug, § 10 Nr. 1 AGBG. Das korrespondiert allein mit § 19 VOB/A, doch ist auch für diese Bestimmung die AGB-rechtliche Einordnung schwierig und komplex;

vgl. hierzu
BGH, Urt. v. 21.11.1991 - VII ZR 203/90,
BauR 1992, 120 = ZfBR 1992, 67
= WM 1992, 358 = NJW 1992, 827.

Im übrigen befaßt sich das AGBG mit dem Inhalt des geschlossenen Vertrags und nicht mit dem Verfahren beim Vertragsschluß.

38 Ursache der verbreiteten Fehlbeurteilung dürfte die "innerdienstliche" Verbindlichkeit der VOB/A sein. Die VOB/A ist nämlich in der Tat für den gesamten Bereich der <u>öffentlichen Hand innerdienstlich verbindlich vorgeschrieben</u>. Das bedeutet aber nur, daß Beamte, Behörden, öffentliche Körperschaften und Anstalten oder durch Haushaltsrecht und Vergabebedingungen für Subventionen auf die VOB/A verpflichtete Private ihre Pflichten gegenüber dem Vorschreibenden verletzen, wenn sie sich nicht an die VOB/A halten. Solche Pflichtverletzungen sind in der Regel sanktioniert, vom Rüffel über Schadensersatzverpflichtungen bis zur Rechtsaufsicht und zum Widerruf von Subventionen. Aus der innerdienstlichen Verbindlichkeit ergeben sich aber keine unmittelbaren Rechte des Vertrags- bzw. Verhandlungspartners;

vgl. hierzu
BGH, Urt. v. 21.11.1991 - VII ZR 203/90,
BauR 1992, 120 = ZfBR 192, 67
= WM 1992, 358 = NJW 1992, 827.

Die rechtliche Beurteilung könnte sich übrigens nicht unerheblich ändern, wenn die im Vollzug von EG-Richtlinien beabsichtigten vergaberechtlichen Vorschriften in Kraft treten.

Die VOB/A kann jedenfalls derzeit gegenüber dem Vertrags- oder Verhandlungspartner, wenn sie zur Grundlage einer Ausschreibung gemacht wird, nur mittelbar Rechtswirkungen äußern. Diese mittelbare Rechtswirkung ist ganz unabhängig von der innerdienstlichen Verbindlichkeit und betrifft auch alle Privaten, die - aus welchen Gründen auch immer - die VOB/A zur Grundlage ihrer Vertragsvergabe wählen.

Die mittelbare Wirkung wird durch Rechtsinstitute wie Verschulden bei Vertragsschluß und Treu und Glauben allgemein, bei der öffentlichen Hand auch durch die Selbstbindung der Verwaltung vermittelt. Es müssen dafür aber im Einzelfall die konkreten Voraussetzungen für die Anwendung dieser Rechtsinstitute erfüllt sein;

39

vgl. hierzu
BGH, Urt. v. 21.11.1991 - VII ZR 203/90,
BauR 1992, 120 = ZfBR 1992, 67
= WM 1992, 358 = NJW 1992, 827.

Es wird zu zeigen sein, daß nur wenige Vorschriften der VOB/A überhaupt in diesem Sinne als "drittschützend" anzusehen sind, und daß in der Praxis auch bei diesen die Voraussetzungen für die Anwendbarkeit der genannten Rechtsinstitute keineswegs sicher anzutreffen sein werden.

40

So scheitern zum Beispiel Ansprüche aus Verschulden bei Vertragsschluß auch bei Verletzung von drittschützenden Vergabevorschriften der VOB/A (das sind z.B. die Vorschriften, die eine faire Vertragsgestaltung sichern sollen) häufig daran, daß der Vertragspartner tatsächlich nicht auf die Einhaltung der VOB/A vertraut hat oder daß sein Vertrauen nicht schutzwürdig ist, weil der Verstoß gegen die VOB/A erkennbar war.

Beispiel (frei nach BGH, Urt. v. 9.4.1992 - VII ZR 129/91, ZfBR 1092, 215): Nach § 9 Nr. 2 VOB/A "soll" dem Auftragnehmer "kein ungewöhnliches Wagnis aufgebürdet werden". Unter Verstoß gegen diese Vorschrift, an die sie - innerdienstlich - gebunden ist, vergibt eine Gemeinde in einem insoweit kritischen und unberechenbaren Terrain die Wasserhaltung "pauschal", also als ungewöhnliches Wagnis. Unterstellt, daß die Bedingungen hierfür erkennbar sind, und das werden sie in der Regel sein, wird ein Anspruch aus culpa in contrahendo bei Eintritt des Wagnisses regelmäßig daran scheitern, daß der Unternehmer es erkannt und trotzdem geboten hat, oder daß er es hätte erkennen können.

41 Die VOB/A enthält eine Reihe von Begriffsbestimmungen, die für das Verständnis der VOB/B und für die Abfassung von Bauverträgen hilfreich und für ihre Auslegung häufig unerläßlich sind. Von Bedeutung sind insoweit vor allem §§ 5, 9 und 10 VOB/A. Soweit diese Bestimmungen Vorschriften darüber enthalten, wann wie zu vergeben und zu vereinbaren "ist", betrifft das natürlich nur die unmittelbaren Adressaten der VOB/A, also die öffentliche Hand im weitesten Sinne.

§ 5 VOB/A erläutert u.a. Einheitspreis-, Pauschal- und Stundenlohnvertrag, ferner den Selbstkostenvertrag. §§ 9, 10 VOB/A enthalten für den nichtöffentlichen Auftraggeber, der die VOB/B zur Grundlage von Vertragsbeziehungen machen will, Hinweise und Begriffsbestimmungen, die auch außerhalb des Auftragswesens der öffentlichen Hand die Vertragspraxis bestimmen und deshalb zweckmäßigerweise bei der Abfassung, vor allem aber auch bei der Auslegung von Bauverträgen, heranzuziehen sind.

3. VOB/C

Teil C enthält die Allgemeinen Technischen Vertragsbedingungen für Bauleistungen, der Sache nach eine nach technischen Arbeitsbereichen gegliederte Fülle von DIN-Ausführungsnormen.

Im nicht modifizierten VOB/B-Vertrag sind sie durch die Verweisung in § 1 Nr. 1 Satz 2 VOB/B automatisch Vertragsinhalt. Das darf allerdings nicht dahin mißverstanden werden, daß die VOB/C die Vertragspflichten begrenzt. Das gilt nicht einmal in dem Sinne, daß bei Einhaltung der VOB/C die Regeln der Technik erfüllt sein müssen. Erst recht kann allein aus der Einhaltung der VOB/C nicht geschlossen werden, daß ein Werk vertragsgerecht, also mangelfrei ist.

Vertragsinhalt wird die VOB/C, wo nicht durch einbeziehende Vereinbarung unter Umständen auch durch die Verpflichtung zur mangelfreien Leistung, etwa in dem Sinne, daß eine den Normen des Teils C nicht entsprechende Leistung nicht die vertraglich geschuldete Beschaffenheit aufweist, mit anderen Worten mangelhaft ist. Das bedarf natürlich einer auf den konkreten Vertrag bezogenen Prüfung und Wertung.

E. Haftung für Verschulden bei Vertragsverhandlungen vor allem im Vergabeverfahren nach VOB/A

Daß sich aus der Anbahnung und Abwicklung von Vertragsverhandlungen quasivertragliche Schutz- und Erhaltungspflichten und daraus sich ergebende Schadensersatzverpflichtungen herleiten lassen, ist juristischer Standard und gilt für den Bauvertrag nicht anders als sonst. Es geht dabei um die Fallgestaltungen, die dogmatisch unter "culpa in contrahendo" (c.i.c.), bzw. "Verschulden bei Vertragsschluß" zusammengefaßt werden.

Für den Bauvertrag spezifische Fragestellungen ergeben sich, wenn das formalisierte Vergabeverfahren der VOB/A angewandt wird. Dabei ist zweckmäßigerweise wegen der teilweise verschiedenen Folgen zu unterscheiden, ob - eher ausnahmsweise - ein Privater dieses Verfahren freiwillig anwendet, oder ob die öffentliche Hand im weitesten Sinne nach VOB/A verfährt, es sich also um den Kreis von Auftraggebern handelt, dem die Vergabe nach VOB/A intern verbindlich vorgeschrieben ist. Im folgenden ist nur von letzteren die Rede.

44 Im Zusammenhang mit Schadensersatzansprüchen aus Verschulden bei Vertragsschluß im Zusammenhang mit Verstößen gegen die VOB/A sind zwei Fragestellungen auseinanderzuhalten:

a) ob ein Regelverstoß überhaupt eine Verletzung (vor-)vertraglicher Pflichten gegenüber dem Auftragnehmer darstellt und

b) ob und unter welchen Umständen ein solcher Pflichtverstoß geeignet ist, Schadensersatzansprüche tatsächlich zu begründen.

Das wird häufig nicht hinreichend unterschieden und fehlerhaft etwa mit dem Pflichtverstoß der Schaden oder mit dem Schaden der Pflichtverstoß impliziert.

45 a) Die VOB/A hat zwei Schutzrichtungen. Sie enthält Vorschriften, die - auch - den Auftragnehmer schützen sollen, mit anderen Worten "drittschützend" sind. Sie enthält auch Bestimmungen, die - nur - die interne Korrektheit der Vergabe betreffen, die also vor allem die korrekte Willensbildung der entscheidenden Organe (Haushaltsausschüsse etc.) und eine ordnungsgemäße Haushalts- und Wirtschafts-

führung gewährleisten, also nur den Staat vor sich selbst schützen sollen. Natürlich kann eine Vorschrift auch nach beiden Richtungen Schutzwirkung entfalten.

Welche Vorschriften der VOB/A in diesem Sinne drittschützend sind, ist keineswegs ausgemacht.

Weitgehend nicht drittschützend sind zum Beispiel nach der Rechtsprechung des Bundesgerichtshofs die Vorschriften über die Vergabe.

>BGH, Urt. v. 21.10.1976 - VII ZR 327/74,
>BauR 1977, 52 = WM 1976, 1355
>= BB 1976, 1580;

>BGH, Urt. v. 4.10.1979 - VII ZR 11/79,
>BauR 1980, 63 = ZfBR 1980, 31
>= WM 1979, 1331 = NJW 1980, 180.

Sie sind auch kein Schutzgesetz i.S.v. § 823 Abs. 2 BGB;

>BGH, Urt. v. 12.10.1956 - VI ZR 52/56,
>SF Z 2.11 Bl. 11;

>BGH, Urt. v. 8.4.1965 - VII ZR 230/63,
>VersR 1065, 764.

Die (staatsinterne) Verpflichtung zur rechnerischen Prüfung gewährt dem Auftragnehmer nicht den Schutz vor den Folgen von bei der Prüfung nicht erkannten Rechenfehlern;

>BGH, Urt. v. 22.2.1973 - VII ZR 119/71,
>WM 1973, 518 = DB 1973, 765
>= NJW 1973, 752.

Drittschützend ist dagegen zum Beispiel die Vorschrift des § 19 VOB/A über Zuschlags- und Bindefristen.

Ist eine Vorschrift nicht geeignet, Schutzwirkungen gegenüber dem Auftragnehmer zu entfalten, scheiden Schadensersatzansprüche aus Verschulden bei Vertragsschluß von vorneherein aus.

46 b) Ist eine drittschützende Vorschrift verletzt, so steht damit ein Verstoß gegen eine (vor)vertragliche Schutzpflicht, nicht aber schon ein Schadensersatzanspruch fest. Der Tatbestand des Verschuldens bei Vertragsschluß in den hier zu erörternden Fallgestaltungen erfordert nämlich auch, daß der Auftragnehmer in seinem schutzwürdigen Vertrauen auf die Einhaltung der vertraglichen Schutzpflicht enttäuscht worden ist und eben deshalb einen Schaden erlitten hat. Daran fehlt es häufig, nämlich vor allem in den Fällen, in denen der Verstoß gegen die Vorschriften dem Auftragnehmer bekannt oder für ihn erkennbar war.

47 So schreibt - allein im Interesse des Auftragnehmers und somit drittschützend - § 9 Nr. 2 VOB/A vor, daß dem Auftragnehmer "kein ungewöhnliches Wagnis aufgebürdet" werden soll. Das schafft zugunsten der Bieter einen Vertrauenstatbestand, der durchaus als Schadensersatzanspruch relevant werden kann. Das gilt etwa für Fälle, in denen das "ungewöhnliche Wagnis" aus Schlamperei oder Vorsatz schwer entdeckbar an irgendeiner Stelle des Leistungsverzeichnisses lauert. Anderes gilt aber, wenn das vorschriftswidrige ungewöhnliche Wagnis offen auf der Hand liegt oder unschwer erkennbar ist. Das könnte zum Beispiel anzunehmen sein, wenn für ein Tiefbauvorhaben im unmittelbaren Küstenbereich die Wasserhaltung pauschal ausgeschrieben ist

(Fallgestaltung nach
BGH, Urt. v. 9.4.1992 - VII ZR 129/91,
ZfBR 1992, 215).

In solchen Fällen scheitert ein Anspruch aus Verschulden bei Vertragsschluß trotz eindeutigem Verstoß gegen eine drittschützende Vorschrift der VOB/A aus folgenden Gründen: Entweder hat der Auftragnehmer nicht auf die Einhaltung der VOB/A vertraut (das ist in solchen Fällen tatsächlich die Regel), oder er durfte nach Sachlage nicht darauf vertrauen, weil das ungewöhnliche Wagnis bei der gebotenen und zu erwartenden Sorgfalt erkennbar gewesen wäre (das versperrt den Ausweg in die Ausrede, man habe nichts gemerkt).

Daraus resultiert übrigens auch die Zurückhaltung des Bundesgerichtshofs, aus mehr oder minder schlampig und damit unter Verstoß gegen § 9 VOB/A erstellten Leistungsverzeichnissen Folgerungen zugunsten des Auftragnehmers zu ziehen (ständige Rechtsprechung) vgl. etwa:

> BGH, Urt. v. 22.11.1965 - VII ZR 191/63, NJW 1966, 498;

> BGH, Urt. v. 20.3.1969 - VII ZR 20/67, DB 1969, 1058 = SF Z 2.311 Bl. 31,

> BGH, Urt. v. 9.12.1974 - VII ZR 158/72, WM 1975, 233;

> BGH, Urt. v. 25.6.1987 - VII ZR 107/86, BauR 1987, 683 = ZfBR 1987, 237 = WM 1987 1432 = NJW-RR 1987, 1306;

> BGH, Urt. v. 25.2.1988 - VII ZR 310/86, BauR 1988, 338 = ZfBR 1988, 182 = WM 1988, 789 = NJW-RR 1988, 785.

F. AGB-Gesetz

1. Allgemeines

48 Das AGB-Gesetz spielt in der Praxis des Bauvertrags eine erhebliche Rolle. Das hat neben solchen aus dem Bereich wirtschaftlicher und intellektueller Überlegenheit eine Reihe von Sachgründen.

Dazu gehört zunächst, daß die gesetzliche Regelung des Werkvertrags außerordentlich rudimentär und ohne wesentliche Ergänzungen als Vertragsmuster ungeeignet für die Errichtung eines Bauwerks ist, dessen Ausmaß über einen Hühnerstall oder einen Fahrradständer hinausgeht. Das soll jedoch nicht heißen, daß das BGB die Interessenlage grundsätzlich falsch sieht. Das ist nicht der Fall.

Die gesetzliche Regelung wird jedoch vor allem kaum dem gerecht, was Nicklisch und Weick,

(Nicklisch/Weick, VOB, 2. Aufl.,
1991, Einl. Rz. 2 ff),

als Langzeit-, Rahmen- und Kooperationscharakter des Bauvertrags beschreiben. Auch ergibt sich aus den technischen Bedingungen der einzelnen Bauleistungen ein differenzierter Regelungsbedarf.

Da es sich durchweg um typische Probleme und Fragestellungen handelt, bietet es sich natürlich an, ihre Lösungen aufgrund der Erfahrungen zu optimieren und zu standardisieren. Demgemäß sind AGB im Baubereich die Regel und wirkliche Individualvereinbarungen außer bei Bagatellverträgen und bei völlig neuartigen oder ungewöhnlich umfangreichen Vorhaben so gut wie nicht anzutreffen.

Daneben spielen natürlich auch AGB eine Rolle, die unter Ausnutzung wirtschaftlicher oder intellektueller Überlegenheit den Interessenausgleich zugunsten einer Seite zu verlagern versuchen.

Demgemäß gibt es in der Praxis eine Fülle von umstrittenen und auch schon für unwirksam erklärten Klauseln, die trotzdem weitgehend im Schwange sind.

Im folgenden sollen unwirksame Einzelklauseln nicht behandelt werden. Eine gute Übersicht, soweit es um bauspezifische Klauseln geht, - bis 1989 - gibt <u>Glatzel/Hofmann/ Frikell</u>, Unwirksame Bauvertragsklauseln.

2. <u>AGB und Individualvereinbarung</u>

Infolge der Verbreitung von standardisierten Vertragsbestimmungen im Baubereich stellt sich häufig die "Streit"-frage, ob die betreffende Klausel im Einzelfall als "ausgehandelt" gelten darf und deshalb bestehen bleiben kann. Um das zu erreichen, sind eine Reihe von völlig untauglichen Rezepten im Handel (z.B. handschriftlich ausgefüllte Blankett-AGB, gemeinsame Unterschrift auf gesondertem Blatt, mündliche Erläuterung oder Rechtfertigung). Das alles hilft nicht weiter. Die Anforderung des Bundesgerichtshofs, daß der gesetzesfremde Kern der AGB-Klausel ernsthaft zur Disposition gestellt werden muß, ist damit überhaupt nicht und sonst praktisch auch nicht zu erfüllen.

Zu beachten ist allerdings, daß der Verwender ihm ungünstige AGB-Abweichungen vom Gesetz immer wirksam vereinbaren kann. Das AGB-Gesetz hat nicht den Zweck, den Verwender zu schützen.

3. AGB-Problematik der VOB/B

a) Grundlagen

50 Auszugehen ist von § 23 Abs. 2 Nr. 5 AGBG, wonach die Regelungen von § 10 Nr. 5 (Fiktionsverbot) und § 11 Nr. 10 lit. f (Verkürzung der Gewährleistung) AGBG nicht für Leistungen gelten, für die die VOB Vertragsgrundlage ist.

Daraus läßt sich zunächst einmal schließen, daß die VOB/B selbst AGB enthält, die von Gesetzes wegen teilweise privilegiert sind. Das ist auch ständige Rechtsprechung des Bundesgerichtshofs, und zwar auch für den Fall, daß die VOB/B in Einzelbestimmungen oder insgesamt zitiert oder auch nur sinngemäß wiedergegeben wird.

An die Privilegierung knüpfen sich hauptsächlich zwei Fragen, und zwar ob die VOB/B für beliebige Leistungen zur (privilegierten!) Vertragsgrundlage gemacht werden kann, und wann die VOB/B "Vertragsgrundlage" einer vertraglichen Beziehung ist.

Das erstere ist zu verneinen. Die VOB kann nach ihrer Zweckbestimmung überhaupt nur Vertragsgrundlage für Verträge über "Bauleistungen" (§ 1 Nr. 1 VOB/A) sein, weil sie für andere Leistungen nicht paßt.

Das zweite ist die Frage, wieviel VOB/B der Vertrag enthalten muß bzw. wieviel Abweichung er enthalten darf, damit die VOB/B noch "Vertragsgrundlage" ist.

Es genügt dafür natürlich nicht, daß gerade die privilegierten Bestimmungen der VOB "isoliert" vereinbart werden. Das ist inzwischen geklärt, vgl. etwa die grundlegenden Entscheidungen

BGH, Urt. v. 10.10.1985 - VII ZR 325/84,
BGHZ 96, 129 = BauR 1986, 80
= ZfBR 1986, 33 = NJW 1986, 302 (Anm. Brych);
JZ 1986, 148 (Anm. Locher);
JR 1986, 200 (Anm. Schubert);

BGH, Urt. v. 24.10.1985 - VII ZR 74/85,
DB 1986, 215 = BB 1086, 896
= NJW 1986, 713;

BGH, Urt. v. 7.5.1987 - VII ZR 129/86,
BauR 1987, 438 = ZfBR 1987, 199
= WM 1987, 1015 = DB 1987, 1988
= NJW 1987, 2373 = MDR 1987, 1019.

Weniger klar ist die Problematik, wieviel Abweichungen von der VOB/B gerade noch tolerierbar sind. Das ist die Problematik, die der Bundesgerichtshof eher irreführend als die der "tiefgreifenden Eingriffe" in den "Kernbereich" behandelt, nach denen die VOB/B nicht mehr "als Ganzes" vereinbart ist.

Diese Prüfung ist argumentativ aufwendiger, denn gewisse Abweichungen, auch durch AGB, etwa formularmäßige "Zusätzliche Vertragsbedingungen", sind unschädlich. Sie dürfen nur die Ausgewogenheit, die der VOB "einigermaßen" zukommt, nicht stören, indem sie in den "Kernbereich" der VOB/B eingreifen, sie "tiefgreifend" (in "..." = Formulierungen des Bundesgerichtshofs) ändern u.ä.;

BGH, Urt. v. 17.9..1987 - VII ZR 155/86,
BGHZ 101, 357, 361 = ZIP 1987, 1582
= BauR 1987, 694 = ZfBR 1988, 22
= WM 1987, 1498 = DB 1987, 2631
= NJW 1988, 55;

BGH, Urt. v. 23.11.1989 - VII ZR 228/88,
BauR 1990, 207 = ZfBR 1990, 70
= WM 1990, 482 = DB 1990, 730
= NJW 1990, 1365 = MDR 1990, 534;

BGH, Urt. v. 31.1.1991 - VII ZR 291/88,
BauR 1991, 331 = ZfBR 1991, 146
= WM 1991, 1389 = DB 1991, 1567
= BB 1991, 1663 = NJW 1991, 1812
= MDR 1991, 635.

51 Da der Bundesgerichtshof für diese Frage keine abstrakten Regeln formuliert hat, kann man praktisch nur "induktiv" anhand der bisher entschiedenen Fälle ermitteln, ob eine in einem Vertragswerk vorkommende Abweichung von der VOB/B noch hinnehmbar ist. Bei nicht mehr hinnehmbaren Abweichungen ist die VOB/B nicht "als Ganzes" vereinbart. Das eröffnet dann den Zugang zur AGB-Rechtsprechung des Bundesgerichtshofs, auf die Einzelbestimmungen der VOB/B. Die vom Bundesgerichtshof zur Abgrenzung verwendeten Begriffe wie "Kernbereich", "tiefgreifender" Eingriff usw. sind dabei weniger hilfreich als irreführend. Verleiten sie doch dazu, das erforderliche Maß der Abweichung zu verkennen. In Wahrheit wertet der Bundesgerichtshof schon geringfügige Modifikationen der VOB/B als "tiefgreifende" Eingriffe in den "Kernbereich", wenn sie das eigentliche Leistungsverhältnis betreffen.

Anhand der bisher vorliegenden Rechtsprechung lassen sich folgende Richtlinien formulieren:

- Abweichungen, die die VOB/B selbst zur Disposition stellt (das ist zum Beispiel die Verjährungsregelung und für sie ist es auch entschieden), werden wohl allgemein zulässig sein;

- im übrigen werden überhaupt nur ganz geringfügige Abweichungen toleriert,

- und vor allem werden Abweichungen stets als nicht mehr hinnehmbar behandelt, wenn sie das Gefüge und die Bewertung von Leistung und Gegenleistung inhaltlich verändern.

Zu beachten ist, daß die Frage des "tiefgreifenden" Eingriffs in das Regelungswerk der VOB/B nicht identisch damit ist, ob die abweichende Regelung ihrerseits gegen das AGBG verstößt. Das muß jedenfalls nicht sein. Allerdings finden sich in Entscheidungen des Bundesgerichtshofs gelegentlich Überlegungen, bei denen das Ausmaß der Abweichung von der gesetzlichen Regelung als Indiz für den Eingriff in den Kernbereich gewertet wird, und zwar auch dann, wenn die Abweichung für die Ausgewogenheit des VOB/B-Vertrags keine sonderliche Rolle spielt.

b) Einzelne beanstandete "Eingriffe"

aa) Im einzelnen wurden in letzter Zeit als nicht mehr hinnehmbare Abweichungen behandelt: 52

- Kürzungen bei Abschlagsrechnungen (10 %) und bei der Schlußrechnung (5 %);

  BGH, Urt. v. 14.2.1991 - VII ZR 291/89,
  BauR 1991, 473 = ZfBR 1991, 199
  = NJW-RR 1991, 727.

- Keine Preisänderung bei Abweichungen in den Mengen bei Bedarfspositionen bis zu 100 % (Abweichung von § 2 VOB/B, der lediglich Mengenabweichungen von ± 10 % dem Auftragnehmer zumutet);

  BGH, Urt. v. 20.12.1990 - VII ZR 248/89,
  BauR 1991, 210 = ZfBR 1991, 101
  = WM 1991, 909 = BB 1991, 210
  = DB 1991, 1012 = NJW-RR 1991, 533.

- Verpflichtung zur schriftlichen Ankündigung, wenn bei sonstigen Mengenüberschreitungen über 10 % oder wegen Änderung des Bauentwurfs höhere Preise verlangt werden sollen (also statt Obliegenheit, wie in § 2 VOB/B vorgesehen, Ankündigung als Anspruchsvoraussetzung);

BGH, Urt. v. 20.12.1990 - VII ZR 248/89,
BauR 1991, 210 = ZfBR 1991, 101
= WM 1991, 909 = BB 1991, 210
= DB 1991, 1012 = NJW-RR 1991, 533;

- ähnlich: Anspruchsverlust bei Leistungen ohne Auftrag oder in eigenmächtiger Abweichung vom Vertrag selbst bei objektiv notwendigen Leistungen;

BGH, Urt. v. 31.1.1991 - VII 291/88,
BGHZ 113, 315 = BauR 1991, 331
= ZfBR 1991, 146 = WM 1991, 1389
= DB 1991, 1567 = BB 1991, 1663
= NJW 1991, 1812 = MDR 1991, 635.

- Verpflichtung zur Abschlagszahlung für angelieferte, aber noch nicht eingebaute Teile;

BGH, Urt. v. 31.1.1991 - VII ZR 291/88,
BGHZ 113, 315 = BauR 1991, 331
= ZfBR 1991, 146 = WM 1991, 1389
= DB 1901, 1567 = BB 1991, 1663
= NJW 1991, 1812 = MDR 1991, 635.

- Besondere Vertragsbedingungen des Auftraggebers, nach denen der Auftragnehmer auch bei Kündigung aus wichtigem Grund eine Frist von vier Wochen einhalten muß und keinen Schadensersatz oder Entschädigung nach § 642 BGB verlangen kann;

BGH, Urt. v. 28.9.1989 - VII ZR 167/88,
BauR 1990, 81 = ZfBR 1990, 18
= WM 1990, 276 = DB 1990, 172
= NJW-RR 1990, 156 = MDR 1990, 329
= SFH Nr. 48 zu § 16 Nr. 3 VOB/B (1973).

- Einmalige förmliche Abnahme nach Abschluß aller Arbeiten, zu der von der Bauleitung eingeladen wird;

  BGH, Urt. v. 6.6.1991 - VII ZR 101/90,
  BauR 1991, 740 = ZfBR 1991, 253
  = BB 1991, 1819 = WM 1991, 1962
  = NJW-RR 1991, 1238 = MDR 1991, 969.

- Es geht dabei nicht nur um die Verzögerung bis zum Abschluß des Projekts, sondern auch um die Einladungsinitiative zugunsten des Auftraggebers, die für den Auftragnehmer die Möglichkeit ausschließt, seinerseits eine förmliche Abnahme herbeizuführen, vgl. hierzu:

  BGH, Urt. v. 13.7.1989 - VII ZR 82/88,
  BauR 1980, 727 = ZfBR 1989, 251
  = WM 1989, 1946 = NJW 1990, 43
  = MDR 1989, 1094
  ("Altenheim Neandertal").

- Auftraggeber kann auch Mängel, die er vor der Abnahme erkannt hat, ohne Vorbehalt bei der Abnahme bis zum Ende der Gewährleistungsfrist geltend machen;

  BGH, Urt. v. 6.6.1991 - VII ZR 101/90,
  BauR 1991, 740 = ZfBR 1991, 253
  = BB 1991, 1819 = WM 1991, 1962
  = NJW-RR 1991, 1238 = MDR 1991, 969.

- Auftragnehmer trägt auch nach der Abnahme die Beweislast für Mängel;

  BGH, Urt. v. 6.6.1991 - VII ZR 101/90,
  BauR 1991, 740 = ZfBR 1991, 253
  = BB 1991, 1819 = WM 1991, 1962
  = NJW-RR 1991, 1238 = MDR 1991, 969.

Unschädlich ist es hingegen, ganz im Sinne der Rechtsprechungstendenz des VII. Zivilsenats, wenn "isoliert" § 13 VOB/B mit einer generellen Verjährungsfrist von 5 Jahren vereinbart wird. Das gilt auch, wenn es in AGB vereinbart wird;

BGH, Urt. v. 23.2.1989 - VII ZR 89/87,
BGHZ 107, 75 = BauR 1989, 322
= ZfBR 1989,158 = WM 1989,914
= DB 1989, 1181 = BB 1989, 1150
= NJW 1989,1602 = MDR 1989, 627
= SFH § 9 AGBG Nr. 4 1.

53 bb) Zur Prognose der noch nicht abgeschlossenen Entwicklung der Rechtsprechung ist auch die ältere Rechtsprechung heranzuziehen. Es geht dabei vor allem um

BGH, Urt. v. 16.12.1982 - VII ZR 92/82,
BGHZ 86, 135 = BauR 1983, 161
= BauR 1983, 362 (Anm. Locher)
= ZfBR 1983, 85 = WM 1983, 268
= DB 1983, 819 = BB 1983, 509
(Anm. Bunte) = NJW 1983, 816
= Stellungnahme Peters, NJW 1983, 708
= Anm. Flach, NJW 1984, 156
= DNotZ 1983, 463 (Anm. Schmidt);

BGH, Urt. v. 23.11.1989 - VII ZR 228/88,
BauR 1990, 119 = ZfBR 1990, 70
= WM 1990, 482 = DB 1990, 730
= NJW 1990, 1365 = MDR 1990, 534;

BGH, Urt. v. 17.9.1987 - VII ZR 155/86,
BGHZ 101, 357 = BauR 1987, 694
= ZfBR 1988, 22 = WM 1987, 1498
= DB 1987, 2631 = NJW 1988, 55
= MDR 1988, 135.

4. Bedeutung des Wegfalls der Privilegierung

Fällt die AGB-rechtliche Privilegierung weg, so führt das 54
zur AGB-rechtlichen Unwirksamkeit der Verjährungsregelung
des § 13 VOB/B und der Abnahmefiktion des § 12 Nr. 5 VOB/B,
wenn der Auftragnehmer "Verwender" ist, der Schlußzahlungsregelung des § 16 VOB/B (alte Fassung - zur Neufassung gibt
es noch keine Rechtsprechung des Bundesgerichtshofs), wenn
der Auftraggeber "Verwender" ist;

vgl. zur Verjährung

BGH, Urt. v. 10.10.1985 - VII ZR 325/84,
BGHZ 96, 129 = BauR 1986, 89
= ZfBR 1986, 33 = NJW 1986, 302 (Anm. Brych)
= JZ 1986, 148 (Anm. Locher)
= JR 1986, 200 (Anm. Schubert);

BGH, Urt. v. 24.10.1985 - VII ZR 74/85,
DB 1986, 215 = BB 1986, 896
= NJW 1986, 713;

BGH, Urt. v. 7.5.1987 - VII ZR 129/86,
BauR 1987, 438 = ZfBR 1987, 199
= WM 1987, 1015 = DB 1987, 1988
= NJW 1987, 2373 = MDR 1987, 1019;

zur Schlußzahlungsregelung alte Fassung etwa

BGH, Urt. v. 20.12.1990 - VII ZR 248/89,
BauR 1991, 210 = ZfBR 1991, 101
= WM 1991, 817 = BB 1991, 502
= NJW-RR 1991, 534 m.w.N.

G. Architektenvertrag unter besonderer Berücksichtigung von Honorarvereinbarungen

Abschnitt 1
Zum Architektenvertrag im allgemeinen

55 Das Architektenrecht ist weitgehend mit allgemein juristischen Kenntnissen und Techniken so weit beherrschbar, daß das Nachschlagen in gebräuchlichen juristischen Hilfsmitteln zuverlässige Informationen vermittelt.

Es sind insoweit lediglich folgende Hinweise veranlaßt:

Der Bundesgerichtshof ordnet auch die Bauaufsicht des Architekten als Werkvertrag ein:

BGH, Urt. v. 22.10.1981 - VII ZR 310/79
(ergangen zu § 19 Abs. 4 GOA),
BGHZ 82, 100 = BauR 1982, 79
= ZfBR 1982, 15 = WM 1982, 94
= NJW 1982, 432.

Der als Muster weithin verwendete Einheitsarchitektenvertrag mit Anhang "Allgemeine Vertragsbestimmungen" (AVA) (Bezugsquelle Bauverlag Nr. 1 751-7) weist den Hinweis auf eine Bekanntmachung im Bundesanzeiger auf. Diesen darf man nicht als amtliche Absegnung oder gar Genehmigung mißverstehen. Die Veröffentlichung erklärt sich aus der kartellrechtlichen Anmeldung als Konditionenempfehlung (§ 2 GWB). Die Prüfung der Vertragsklauseln nach dem AGBG erspart das nicht.

Wegen Verstoß gegen das AGBG unwirksam sind nach der Rechtsprechung des Bundesgerichtshofs u.a. in älteren Mustern enthaltene Klauseln, die die Haftung auf "nachgewiesenes Verschulden" beschränken und die die Verjährung ab Abnahme bzw. Ingebrauchnahme des Bauwerks beginnen lassen.

Auch für unwirksam erklärte Klauseln werden in gebräuchlichen vorgedruckten Vertragsmustern noch verwendet. Daß zu bestimmten Klauseln Rechtsprechung nicht vorliegt, muß auch nicht als Indiz für deren Wirksamkeit angesehen werden. Bei diesen wie auch bei den - keineswegs seltenen - handgestrickten Varianten ist eine Prüfung nach dem AGBG unerläßlich. Das gilt vor allem auch für angeblich ausgehandelte, hand- oder maschinenschriftliche Einfügungen. Diese werden häufig nicht im Sinne der Anforderungen der Rechtsprechung individuell vereinbart und sind deshalb ebenfalls AGB.

Instruktiv ist hierzu neben früherer Rechsprechung eine unlängst ergangene, einen Architektenvertrag betreffende, Entscheidung des Bundesgerichtshofs:

BGH, Urt. v. 25.6.1992 - VII ZR 128/ 91,
ZfBR 1992, 195
(Leitsatz-Vorausveröffentlichung);

vgl. ferner:
BGH, Urt. v. 9.10.1986 - VII ZR 245/85,
ZIP 1986, 1466 = BauR 1987, 113
= ZfBR 87, 40 = WM 1987, 42
= NJW-RR 1987, 144 = SFH § 1 AGBG Nr. 3.

Natürlich darf der Architekt sich auch keine Provisionen von den Bauunternehmen zahlen lassen und muß - soweit er mit der Vergabe betraut ist - ausschließlich die Interessen des Bauherren wahrnehmen. Das kann etwa bei der Vereinbarung der sogenannten VOB-Regelverjährung bedeutsam sein.

Eine differenzierte Beurteilung bedarf auch die Rechtsstellung des Architekten am Bau. Bevollmächtigter des Bauherren ist er nicht ohne weiteres, häufig kommen aber die Figuren der Anscheins- oder der Duldungsvollmacht in Frage.

Erfüllungsgehilfe des Bauherrn ist er nur in bestimmten Funktionen, nämlich praktisch in allen, die der Planung zuzurechnen sind. Dagegen ist er bei der Bauaufsicht kein Erfüllungsgehilfe des Bauherren. Das heißt im Klartext: Versäumnisse des Architekten bei der Planung im weitesten Sinne muß der Bauherr als Verschulden/Mitverschulden zurechnen lassen, Versäumnisse bei der Bauaufsicht dagegen nicht.

Abschnitt 2
Honorarrecht im einzelnen

1. Grundlagen

56 Rechtsquelle für das Honorarrecht ist die Honorarordnung für Architekten und Ingenieure (HOAI) vom 17.9.1976 (BGBl I, 2805; ber. 3616) mit folgenden Änderungsverordnungen: 1. ÄVO vom 17.7.1984 (BGBl I, 948), 2. ÄVO vom 10.6.1985 (BGBl I, 961), 3. ÄVO vom 17.3.1988 (BGBl I, 359) und 4. ÄVO vom 13.12.1990 (BGBl I, 2707) in Kraft seit 1.1.1991. Da die Abwicklung von Architektenverträgen sich häufig über viele Jahre hinzieht, ist darauf zu achten, daß die jeweils bei Vertragsschluß gültige Fassung heranzuziehen ist.

Für die neuen Bundesländer gelten bis 31.12.1992 (Vertragsschluß) einige Besonderheiten, und zwar für

- Auftragnehmer (Architekten, Ingenieure) mit Geschäftssitz in den neuen Bundesländern, wenn sie

- Leistungen in den neuen Bundesländern erbringen.

Es handelt sich dabei einmal um die Kürzung der Mindestsätze, zum andern um den Wegfall der Bindung der Honorarvereinbarung an die Auftragserteilung (s. hierzu Rz. 58).

Literatur:

Für ernsthafte juristische Probleme empfehlen sich die folgenden Standardkommentare (für ältere Verträge auch Vorauflagen heranziehen):

Locher/Koeble/Frik, Kommentar zur HOAI, 6. Aufl., 1991

Hesse/Korbion/Mantscheff/Vygen, HOAI, Kommentar, 3. Aufl, 1990

2. Honorarvereinbarung

Für die Honorarvereinbarung gelten Besonderheiten (vgl. im einzelnen § 4 HOAI), die sich zum Teil sonst in der Rechtsordnung nicht finden, nämlich: 57

Das Honorar kann durch Rechtsgeschäft wirksam nur "bei Auftragserteilung" festgelegt und danach auch nicht mehr durch Rechtsgeschäft geändert werden (s. unten a)).

Die Mindestsätze dürfen nur "in Ausnahmefällen" unterschritten werden (s. unten b)).

Die wirksame rechtsgeschäftliche Vereinbarung eines Honorars bedarf der gesetzlichen Schriftform (s. unten c)).

Ist kein Honorar vereinbart oder die getroffene Vereinbarung mangels Erfüllung der Voraussetzungen nicht wirksam, so gelten die Mindestsätze (s. unten d)).

Die Vorschriften erlauben dem Architekten und dem Ingenieur ein Verhalten zu Lasten des Auftraggebers, das sonst in dieser Weise in der Rechtsordnung nicht möglich ist. Honorare, die der Architekt schriftlich, mündlich, vor, bei oder nach der Auftragserteilung nennt sind nicht wirksam vereinbart, gleichgültig ob er sie nun dazu nutzt, den Auftraggeber zur Auftragserteilung zu bestimmen oder ihn von der formwirksamen schriftlichen Vereinbarung abzuhalten.

Die Korrektur des § 123 BGB ist bekanntlich ohnehin selten praktikabel, im übrigen führt sie wegen der Auffangwirkung des Bereicherungsrechts bei erbrachten Leistungen zu nichts.

Selbstverständlich kann auch der Auftragnehmer die Lage nutzen, indem er mit mehr oder minder großzügigen Andeutungen oder gar schriftlichen Angeboten den Architekten in einen Auftrag ohne Honorarvereinbarung hineinzieht.

Im einzelnen bedeuten die Tatbestandsmerkmale von § 4 HOAI:

a) <u>Honorarvereinbarung nur "bei Auftragserteilung"</u>

58 Die Auslegung ist insoweit kontrovers, als es umstritten ist, ob die Honorarvereinbarung spätestens mit Abschluß des Architektenvertrags vorliegen muß, oder ob ein enger Zusammenhang genügt.

Dagegen ist unzweifelhaft, daß spätere Vereinbarungen unwirksam sind, und zwar selbst die vergleichsweise Vereinbarung des Honorars, solange der Architektenauftrag noch nicht abgeschlossen ist;

BGH, Urt. v. 6.5.1985 - VII ZR 320/84,
BauR 1985, 582;

BGH, Urt. v. 9.7.1987 - VII ZR 282/86,
BauR 1987, 706 = ZfBR 1987, 284
= WM 1987, 1257 = SFH § 4 HOAI Nr. 13.

Dagegen sind nach Abschluß der Architektentätigkeit getroffene Vereinbarungen wirksam;

BGH, Urt. v. 25.9.1986 - VII ZR 324/85,
BauR 1987, 112 = ZfBR 1986, 283
= DB 1987, 88 = SFH § 632 BGB Nr. 14.

Außerdem ist eine Neuvereinbarung für weitere Leistungen bei Veränderung des Leistungsziels möglich,

BGH, Urt. v. 21.1.1988 - VII ZR 239/86,
BauR 1988, 364 = ZfBR 1988, 133
= WM 1988, 770 = NJW-RR 1988, 725
= SFH § 4 HOAI Nr. 14.

b) Ausnahmefälle für Unterschreitungen

Unterschreitungen der Mindestsätze sind nur durch wirksame Vereinbarung (vgl. a) und c)) in "Ausnahmefällen" zulässig. Die Beschränkung auf Ausnahmefälle gilt nicht für Verträge, die vor dem Inkrafttreten der 2. ÄVO (s. oben) geschlossen worden sind.

59

Über die Frage, wie "Ausnahmefälle" zu definieren sind, haben sich umfangreiche Kontroversen entwickelt. Es geht dabei einmal um die Begriffsbestimmung als solche, zum andern um den Fragenbereich, inwieweit den Parteien gewissermaßen ein durch Einverständnis ausfüllbarer Beurteilungsspielraum zusteht. Das letztere ist meines Erachtens anzunehmen, weil die ohnehin schon äußerst rigorose Beschränkung der Vertragsfreiheit durch die HOAI schon aus verfassungsrechtlichen Gründen nicht auch noch extensiv ausgelegt werden kann.

c) <u>Schriftform</u>

60 Schriftform ist die des § 126 Abs. 2 BGB. Dafür genügt nicht der schriftliche Vertragsschluß (durch schriftliches Angebot und schriftliche Annahme). Erst recht unzureichend sind die schriftliche Auftragsbestätigung oder ein kaufmännisches Bestätigungsschreiben;

> BGH, Urt. v. 24.11.1988 - VII ZR 313/87,
> BauR 1989, 222 = ZfBR 1989, 104
> = NJW-RR 1989, 786 = SFH § 4 HOAI Nr. 15.

Die Schriftform ist vielmehr nur eingehalten, wenn die Vertragsurkunde beiderseits unterschrieben ist, oder wenn gleichlautende Vertragsurkunden mit jeweils der eigenen Unterschrift ausgetauscht werden.

d) <u>Mindestsätze</u>

Bei Nichterfüllung der Voraussetzungen zu a) bis c) gelten (= gesetzliche Fiktion) die - keineswegs sonderlich niedrigen - Mindestsätze als vereinbart.

3. Honorarberechnung und Rechnungsstellung

a) Berechnungsgrundlagen

Die Honorarberechnung knüpft an technische Tatbestände an, mit denen der Umfang und die Schwierigkeit der Leistung beschrieben werden. Den Umfang der Tätigkeit beschreiben die "Leistungsphasen", die Gliederung nach Schwierigkeit wird durch "Honorarzonen" festgelegt. Auf dieser Grundlage sind - vereinfacht ausgedrückt - die anrechenbaren Baukosten der Parameter, an dem sich die Honorartafeln für die Gebühren orientieren. Die Honorartafeln weisen dazu dann Rahmengebühren auf.

61

Soweit die technischen Anknüpfungen im engeren Sinne im Streit sind, ist die Einschaltung von technischen Sachverständigen empfehlenswert und auch in Durchschnittsfällen kaum zu vermeiden. Es geht dabei um Fragen wie der, ob mit bestimmten tatsächlichen Vorgängen die Leistungsphase X erbracht ist, oder ob die Zuordnung zur Honorarzone Y zutrifft, ob die Voraussetzungen für irgendwelche Zuschläge vorliegen u.ä.

Die Leistungsphasen beschreiben ziemlich eingehend die in diesem Rahmen zu erbringenden "Grundleistungen". Das wird häufig dahin mißverstanden, der Architekt müsse sich Abzüge gefallen lassen, weil diese Grundleistungen zur vollständigen Erbringung der Leistungsphase nicht sämtlich angefallen sind. Das ist nicht der Fall.

b) Schlußrechnung

Der Architekt kann sein Honorar abschließend nur durch eine prüffähige Schlußrechnung berechnen. Prüffähigkeit setzt die Angabe der Berechnungsgrundlagen in einer Weise voraus, daß die Zuordnung zu den Anknüpfungstatbeständen der HOAI zweifelsfrei möglich ist.

Die meisten Schwierigkeiten macht in der Praxis die Vorschrift des § 10 Abs. 2 HOAI. Danach sind die anrechenbaren Kosten nach DIN 276 zu ermitteln. Das heißt zwar nach der Rechtsprechung des Bundesgerichtshofs nicht, daß das Formblatt sklavisch eingehalten werden muß und erlaubt auch im Einzelfall - wie immer - den Einwand eines Verstoßes gegen Treu und Glauben.

Im Normalfall ist es aber eine Klippe, an der die Prüffähigkeit vieler Architektenrechnungen scheitert. Offenbar besteht bei den Architekten verbreitet Unwille, sich mit diesem ziemlich umständlichen Rechenwerk zu befassen. Das Risiko des Architekten ist auch nicht gar so erheblich, weil er Anspruch auf Abschlagszahlungen hat.

Ob der Architekt überhaupt eine Kostenermittlung nach DIN 276 erstellt hat, kann auch ein Jurist beurteilen, alle anderen Fragen der Prüffähigkeit, soweit sie über Banalitäten hinausgehen, sind ohne technische Sachverständige meistens nicht zuverlässig zu beantworten.

Zu beachten ist - und das ist eine reine Rechtsfrage, die vielen Sachverständigen nicht bekannt ist -, daß die tatsächlich vorgenommene Prüfung die Prüffähigkeit indiziert. Ob das auch für die gänzlich fehlende Kostenermittlung nach DIN 276 gilt, ist vom Bundesgerichtshof bisher nicht entschieden. Der Grundsatz ist aber jedenfalls anwendbar, wenn eine schlampig erstellte und mehr oder minder nur so genannte (also eine inhaltlich unzureichende) "Kostenermittlung nach DIN 276" tatsächlich geprüft wird.

Im übrigen hat, was ebenfalls häufig übersehen wird, die Prüffähigkeit der Rechnung nichts mit ihrer sachlichen Richtigkeit zu tun. Das gilt natürlich auch für die Kostenermittlung nach DIN 276.

H. EG-Baurecht

Das für öffentliche Aufträge bedeutsame EG-Recht ist insgesamt Richtlinienrecht, das heißt, es kann unmittelbare Rechtswirkungen nur nach Ablauf der Anpassungsfristen nach Maßgabe der Rechtsprechung des Europäischen Gerichtshofs entfalten.

62

Der Geltungsbereich des einschlägigen EG-Rechts ist mit "öffentliche Aufträge" eher irreführend beschrieben. Tatsächlich sind die Vorschriften auf alle auch nur mittelbar von der öffentlichen Hand abhängigen Vergaben anwendbar (zum Beispiel: vom Staat beherrschte Unternehmen, öffentlich alimentierte Verbände usw., Rundfunkanstalten, subventionierte Vorhaben).

Da der Umfang der Anpassung des deutschen nationalen Rechts nicht ohne weiteres als völlig uneingeschränkt bewertet werden kann, können die Richtlinien nach der Rechtsprechung des Europäischen Gerichtshofs ergänzend unmittelbare Geltung haben und im übrigen vor allem auch ergänzend in dem Sinne von unmittelbarer Bedeutung sein, daß sie zur gemeinschaftskonformen Auslegung heranzuziehen sind.

Es empfiehlt sich, in Zweifelsfällen auch auf die Fassungen in anderen Sprachen zurückzugreifen.

Im einzelnen geht es um die folgenden Rechtsvorschriften:

Koordinierungsrichtlinie v. 26.7.1971,
ABl L 185/5, i.d.F. der Richtlinie v.
18.7.1989, ABl L 210/1;

und die

Nachprüfungsrichtlinie v. 21.12.1089,
ABl L 305/33.

Im Vollzug dieser Vorschriften soll im Rahmen einer sogenannten haushaltsrechtlichen Lösung das Haushaltsgrundsätzegesetz geändert werden (§ 57a VO - Ermächtigung für Vergabeverordnungen, §§ 57b u 57c Nachprüfungsverfahren).

Anpassungsrichtlinie v. 22.7.1980
i.d.F. der Richtlinie v. 22.3.1988,
ABl 1988, L 127;

Produkterichtlinie v. 21.12.1988,
ABl 1989, L 40;

Sektorenrichtlinie (Wasser-, Energie- und
Verkehrsversorgung sowie Telekommunikation)
v. 17.9.1990, ABl 1992 L 76;

Richtlinie zur Koordinierung der Vergabevorschriften in den genannten Sektoren
v. 25.2.1992, ABl L 76;

Koordinierungsrichtlinie Dienstleistungen
v. 18.6.1992, ABl L 209;

vgl. ferner:

GATT-Kodex "Regierungskäufe", ABl 1980 L 71.

Teil II
Vertragsabwicklung

Einleitung

Das BGB geht auch für den Werkvertrag von einem statischen Vertragsbild aus. Der eine bestellt, der andere liefert den Erfolg, das "Werk". Gegebenenfalls bessert er noch nach, dann wird er bezahlt. Die Vertragsabwicklung, also die eigentliche Erstellung des Werks, kommt allenfalls am Rande vor.

63

Mit der Realität am Bau hat das wenig zu tun. Ihr wird die VOB/B weit eher gerecht, die spezielll der Vertragsabwicklung und der Abrechnung zahlreiche Bestimmungen widmet, die durchweg für den Bauvertrag sach- und interessengerecht sind. Deshalb hat die Rechtsprechung auch eine ganze Reihe von VOB/B-Regelungen zur Vertragsabwicklung in den BGB-Werkvertrag übernommen. Zu nennen sind vor allem die Hinweispflichten des Unternehmers und die Verpflichtung des Bestellers zu Abschlagszahlungen. Der dogmatische Begründungsansatz für diese Übernahme ist Treu und Glauben (§ 157 BGB 2. Alternative - Verkehrssitte paßt nach herrschender Meinung mangels entsprechender Durchsetzung nicht).

Im folgenden wird in erster Linie die Vertragsabwicklung nach VOB/B dargestellt, der BGB-Werkvertrag ergänzend soweit es abweichende gesetzliche Regelungen gibt oder soweit die VOB/BRegelung auf den Werkvertrag ausgestrahlt hat.

A. Prüfungs-und Hinweispflichten

1. Allgemeines

64 Die VOB/B formuliert Hinweispflichten in § 4 Nr. 1 Abs. 4 und § 4 Nr. 3. Dabei ist nach herrschender Auffassung § 4 Nr. 3 zu eng formuliert, weil nicht nur auf Erkanntes, sondern auch auf bei sachlich gebotener und zumutbarer Prüfung Erkennbares hingewiesen werden muß. In diesem Sinne besteht eine "Prüfungs"- und Hinweispflicht.

Der Bundesgerichtshof,

BGH, Urt. v. 23.10.1986 - VII ZR 48/85,
BauR 1987, 79, 80 = ZfBR 1987, 32
= WM 1987, 140 = NJW 1987, 643
= SFH § 633 BGB Nr. 60,

sieht in dieser Prüfungs- und Hinweispflicht den Ausdruck eines allgemeinen Rechtsgedankens, der auch für den BGB-Bauvertrag gilt.

Als Konkretisierung von Treu und Glauben können Prüfungs- und Hinweispflichten zwar durch vertragliche Absprache modifiziert und präzisiert nicht aber abbedungen werden, und zwar auch nicht durch Individualvertrag.

2. Hinweispflicht § 4 Nr. 1 Abs. 4 VOB/B

65 Aus der Vorschrift ergibt sich, was an sich selbstverständlich sein sollte, nämlich daß der Unternehmer auf Bedenken, die er "subjektiv" tatsächlich hat, immer hinweisen muß. Das wird wohl in der Regel auch geschehen und sich damit erledigen.

In der Praxis des Streitfalls spielt die Bestimmung im Unterschied zu § 4 Nr. 3 VOB/B keine sonderliche Rolle, weil ein unterlassener Hinweis trotz Kenntnis der Bedenken in der Regel nicht prozessual verwertbar nachzuweisen ist. Eine Situation, in der das unter Umständen anders sein kann, ergibt sich aus der Fallgestaltung der Entscheidung

BGH, Urt. v. 9.4.1992 - VII ZR 129/91,
ZfBR 1992, 211.

3. Prüfungs- und Hinweispflicht § 4 Nr. 3 VOB/B

Im Unterschied dazu hat die Prüfungs- und Hinweispflicht nach § 4 Nr. 3 VOB/B auch im Prozeß erhebliche praktische Bedeutung. Die Rechtsprechung interpretiert die Vorschrift als eine objektivierte Prüfungs- und Hinweispflicht. Abzustellen ist danach - soweit nicht tatsächlich ein höheres Niveau gegeben ist - auf den durchschnittlichen Fachmann für das fragliche Gewerk. Hinweispflicht besteht selbstverständlich für alle erkannten, daneben für alle dem Unternehmer oder - mindestens - einem durchschnittlichen Fachmann erkennbaren Bedenken hinsichtlich der im einzelnen angegebenen Gesichtspunkte. Abzustellen ist also auf die Erkennbarkeit bei fachkundiger Prüfung. Das als Prüfungspflicht zu formulieren, ist nicht ganz exakt, weil ein richtiger Hinweis auf Verdacht, das heißt ohne Prüfung, nicht pflichtwidrig und auch sonst nicht defizitär ist.

Im einzelnen betrifft die Prüfungs- und Hinweispflicht in diesem Sinne Bedenken

- gegen die vorgesehene Art der Ausführung (= Planung im weitesten Sinne),

66

- gegen die Güte von Material (im weitesten Sinne), das der Auftraggeber bereitgestellt hat, und

- gegen Leistungen anderer Unternehmer.

67 Bedenken sind unverzüglich, möglichst vor Beginn der Arbeiten und schriftlich anzumelden, und zwar jedenfalls dann, wenn der Architekt sich sperrig zeigt, gegenüber dem Auftraggeber selbst. Das wird oft falsch gemacht. Natürlich genügen mündliche Hinweise gegenüber dem Architekten, wenn er sie befolgt. Aber ob er das wirklich tut, ist für den Unternehmer unter Umständen schwer zu beurteilen. Deshalb empfiehlt sich eigentlich in allen Fällen vorsorglich der schriftliche Hinweis an den Auftraggeber selbst. Die Praxis am Bau hält sich zum Schaden vieler Unternehmer hieran nicht.

68 Die Hinweispflicht ist keine allgemeine Beratungspflicht. Beratungsverpflichtungen sieht der Bundesgerichtshof nur ganz ausnahmsweise, nämlich bei neuer Technik (Standardfall: Blockheizkraftwerk, s. im folgenden).

Der etwas kryptische letzte Satz von VOB/B § 4 Nr. 3, "der Auftraggeber bleibt jedoch für seine Angaben, Anordnungen und Lieferungen verantwortlich" verweist auf die Problematik des Mitverschuldens (s. die folgende Rz. 69).

4. <u>Verschuldensabwägung</u>

a) <u>Problemstellung/Grundsätzliches</u>

69 Wenn es am Bau zu Pannen kommt, so ist häufig nicht nur die eine Seite schuld. Es gibt da eine geradezu klassische Konstellation: Die Bauherrenseite hat es bei Planung und Ausschreibung fehlen lassen, die Auftragnehmerseite hat nicht

hinreichend geprüft und gebotene Hinweise versäumt. Die Verantwortung für die daraus entstehenden Schäden ist auf die Beteiligten nach § 254 BGB zu verteilen, wenn die Beteiligten Pflichten oder Obliegenheiten fahrlässig verletzt haben. Dabei muß sich selbstverständlich der Auftragnehmer/Unternehmer die Versäumnisse seiner Mitarbeiter und auch seiner Subunternehmer als eigene zurechnen lassen, § 278 BGB. Der Auftraggeber/Besteller hat neben den eigenen und als eigene auch die Versäumnisse der von ihm bei der Planung und Ausschreibung eingesetzten Architekten, Sonderfachleute, Bodengutachter usw. zu verantworten; grundlegend hierzu:

BGH, Urt. v. 15.12.1969 - VII ZR 8/68,
BauR 1970, 57;

BGH, Urt. v. 4.3.1971 - VII ZR 204/69,
BauR 1971, 265 = VersR 1971, 667
= WM 1970,682;

BGH, Urt. v. 12.7.1971 - VII ZR 230/69,
BauR 1972, 62 = WM 1971, 1372.

Beiderseitige Versäumnisse im Bereich Planung einerseits und Hinweispflicht andererseits führen zur Schadensteilung aufgrund einer Verschuldensabwägung gemäß § 254 BGB, wobei es im Einzelfall dazu kommen kann, daß die eine oder die andere Seite den Schaden allein zu tragen hat. 70

b) <u>Verschuldensabwägung nur bei Fahrlässigkeit</u>

Das alles gilt aber nur bei Fahrlässigkeit. Versäumt der Unternehmer Hinweise aus eigenem oder ihm zuzurechnendem Vorsatz, unterläßt er also Hinweise, obwohl er oder seine Erfüllungsgehilfen Mängel der Planung erkannt haben, so ist für eine Verschuldensabwägung kein Raum. Vielmehr ist dann 71 der Unternehmer allein verantwortlich, weil die Hinweispflicht dazu bestimmt und in der Regel auch geeignet ist, Schäden infolge von Planungsmängeln oder sonstigen Ausschreibungsversäumnissen zu verhindern;

BGH, Urt. v. 11.10.1990 - VII ZR 228/89,
BauR 1991, 79 = ZfBR 1991, 61
= WM 1991, 204 = NJW-RR 1991, 276.

Aus dieser vom Bundesgerichtshof herangezogenen Begründung ergibt sich übrigens auch, wo möglicherweise Grenzen für die alleinige Verantwortlichkeit des Unternehmers liegen können. Kann der Unternehmer nämlich vortragen und gegebenenfalls beweisen, daß der Schaden durch den gebotenen Hinweis nicht oder nicht ganz zu verhindern gewesen wäre, so mag im Einzelfall anderes gelten können.

Bei der Verschuldensabwägung kann die Frage der eigenen Sachkunde des Auftraggebers bzw. seines Architekten eine Rolle spielen. Die Bedeutung des Arguments wird allerdings häufig überschätzt. Die Hinweispflicht soll auch und gerade verhindern, daß Fehler und Pannen, wie sie auch dem Fachmann jederzeit unterlaufen können, zum Tragen kommen. Deshalb läßt sich nicht sagen, daß gegenüber einem von überragenden Fachleuten beratenen Bauherrn keine Hinweispflichten bestehen. Sie bestehen vielmehr immer bei erkannten Mängeln und in gewissem Umfang auch bei erkennbaren Mängeln. Die besondere Sachkunde etwa von Sonderfachleuten des Auftraggebers ist zwar für die Prüfung der Unterlagen eine gewisse Vertrauensgrundlage, doch muß der Unternehmer auch in diesem Falle für ihn offensichtliche Pannen und grobe Fehler erkennen. Im übrigen fällt - wenn er sie auch nur teilweise erkannt hat - für den damit erkanntermaßen nicht vertrauenswürdigen Planungsbereich - die Sachkunde des Auftraggebers als Argument weg.

c) Beweisprobleme

Daß der Unternehmer den Hinweis trotz Kenntnis unterlassen hat, muß der Besteller/Auftraggeber beweisen. Dabei ist aber, wie der Fall der Entscheidung vom 11.10.1990, 72

BGH, Urt. v. 11.10.1990 - VII ZR 228/89,
BauR 1991, 79 = ZfBR 1991, 61
= WM 1991, 204 = NJW-RR 1991, 276,

zeigt, durchaus ein mittelbarer, also ein Indizienbeweis möglich, etwa in dem Sinne, daß ein bestimmtes Verhalten des Unternehmers ohne Kenntnis nicht denkbar, also nur mit Kenntnis erklärbar ist.

d) Einzelfälle aus der neueren Rechtsprechung

Beratungspflichten/Hinweispflichten bei neuer Technik

Die Rechtsprechung des Bundesgerichtshofs sieht die Gewährleistungs-, Aufklärungs- und Beratungspflichten des Unternehmers in aller Regel weiter, als das den Unternehmern recht ist. Das gilt vor allem für Lieferverträge, bei denen der Lieferant sich zwar zu mehr oder weniger wesentlichen Einbauleistungen verpflichtet, seine Rolle aber eher als die eines um Absatz bemühten Verkäufers versteht, der ein "Umsatzgeschäft" tätigen will. Während der Besteller sich, was er bei Arbeiten bei Bauwerken auch darf, als "Bauherr" versteht, ist der Unternehmer geneigt, sich auf die Rolle eines Lieferanten zurückzuziehen, der gewisse "Service"-Leistungen zusätzlich erbringt. Die Tendenz der Rechtsprechung geht eindeutig dahin, den "Lieferanten" als Werkunternehmer in die Pflicht zu nehmen. Streitfälle, denen dieses Muster allgemein zugrunde lag, sind etwa die Fälle Blumenladencontainer und Einbauküche. Besonders virulent wird dieser Interessengegensatz bei Lieferung neuer, unerprobter 73

oder nicht allgemein bekannter Technik. Hierher gehören die
- immer noch hochaktuellen - Entscheidungen "Blockheizkraftwerk" und der "Schwimmbadfall".

74 "Blockheizkraftwerk": Es ging in diesem Fall um einen Vertrag über Einbau und Lieferung einer Kleinanlage zur Erzeugung elektrischer Energie, eben eines Blockheizkraftwerks. Diese Anlage war für den gedachten Zweck hochgradig unwirtschaftlich. Nach Auffassung des Bundesgerichtshofs ist der Lieferant aus Verschulden bei Vertragsschluß oder auch aus Vertrag schadensersatzpflichtig. Der Bundesgerichtshof hat dazu ausgeführt: Bei einem Unternehmer müßten die zur Herstellung des Werks erforderlichen Kenntnisse vorausgesetzt werden. Deshalb müsse er für das dazu erforderliche Wissen und Können einstehen. Daraus folge aus Treu und Glauben eine entsprechende Beratungsverpflichtung. Eine erhöhte Beratungsverpflichtung sei dabei anzunehmen, wenn neuartige und unerprobte Anlagen geliefert werden sollen. Dann sei die Lage ähnlich wie bei neuen Baustoffen, bei denen der Bundesgerichtshof ebenfalls erhöhte Beratungs- und Sorgfaltspflichten annimmt. Deshalb habe ein Lieferant umfassend über alle Nachteile und Risiken aufzuklären, die mit einer weitgehend unerprobten Neuheit verbunden sind;

BGH, Urt. v. 9.7.1987 - VII ZR 208/86,
BauR 1987, 681 = ZfBR 1987, 269
= WM 1987, 1303 = DB 1987, 2094
= NJW-RR 1987, 1305 = SFH BGB § 631 Nr. 22.

Der Fall ist durchaus verallgemeinerungsfähig, etwa auf Wärmepumpenanlagen zur Beheizung von Wohnungen, Sonnenkollektoren zur Warmwasserbereitung und Beheizung, Wärmerückgewinnung in Verbindung mit Wärmepumpen usw., kurz auf allerlei "alternative" Energiekonzepte aber selbstverständlich auch auf sonstige neue technische Errungenschaften.

"Schwimmbadfall": Die Bedeutung dieser Entscheidung wird wohl etwas überschätzt. Sie betraf eher einen Sonderfall. Wenn man diesen ohne unzulässige Überhöhung des Abstraktionsniveaus kennzeichnen will, dann geht es darum, daß ein Unternehmer, der eine technische Spezialleistung anbietet, nicht davon ausgehen kann, daß deren Erstellungsgrundlagen (dies gewissermaßen wörtlich) bekannt sind. Der Gang der Geschichte war wie folgt. Der Besteller hatte sich ein Schwimmbad aus Edelstahl-Fertigteilen liefern lassen. Dieses mußte, vorausgesetzt der Boden oder eine zu erstellende Bodenplatte waren hinreichend tragfähig, einfach nur aufgestellt werden. Der "Lieferant" des Schwimmbads hatte zwar gesagt, daß er eine Bodenplatte bestimmter Dicke brauche, sich aber sonst über Erfordernisse, die sich im wesentlichen aus dem Bodendruck des gefüllten Schwimmbads ergaben, nicht geäußert. Obwohl das ja wohl einigermaßen nahe gelegen hätte, hatte er dem Bauherrn nicht einmal die hauseigenen technischen Unterlagen zur Verfügung gestellt, aus denen sich Bodendruckerfordernisse und dergleichen ergaben. Die Entscheidung des Bundesgerichtshofs kommt im wesentlichen darauf hinaus, daß der Unternehmer nicht einfach die unter diesen Umständen "irgendwie" erstellte Bodenplatte hätte hinnehmen dürfen, vielmehr hätte prüfen müssen, ob, was ihm da gewissermaßen ins Blaue hinein angedient worden war, annähernd den Erfordernissen entsprach;

75

BGH, Urt. v. 23.10.1986 - VII ZR 48/85,
BauR 1987, 79 = ZfBR 1987, 32
= WM 1987, 140 = DB 1987, 782
= SFH BGB § 633 Nr. 60.

B. Zusätzliche Leistungen ("Nachträge")

> Motto:
> Nachträge sind die Nachschläge, die erst so richtig satt machen.

1. Allgemeines

76 Aus der - freilich reichlich unrealistischen - Sicht des BGB-Gesetzgebers gibt es das Problem nicht. Praktisch hat es freilich immense Bedeutung, Nachtragsaufträge, also Aufträge, durch die der ursprüngliche Vertrag ergänzt, geändert oder erweitert wird, sind am Bau kaum zu vermeiden. Auch die sorgfältigste Planung und die äußerste Disziplin bei Änderungs- oder Ergänzungswünschen helfen da nicht immer. Ganz abgesehen davon sind sorgfältige Planung und Disziplin bei der Abwicklung keineswegs sonderlich verbreitet.

Da die Vertragspartner in der Situation des Nachtragsauftrags weitgehend fest miteinander verbunden sind, hat der Bauherr bei der Auswahl des Auftragnehmers praktisch keine nennenswerte Freiheit mehr. Tendenziell sind Nachtragsaufträge deshalb trotz der restriktiven Bestimmungen der VOB/B relativ teuer.

Gelegentlich hört man von einer Tendenz, Gewinnerwartungen auf die Nachträge zu verlagern.

Die Nachträge gehören zu den wichtigsten Streitpunkten am Bau. Das ist bei der geschilderten Interessenlage auch kein Wunder. Den Streitigkeiten liegt immer ein bestimmtes Muster zugrunde. Der Bauherr neigt dazu, alle Nachträge für originäre Vertragserfüllung zu halten. Für den Auftragnehmer sind seine originären Pflichten nur ein dürrer Rahmen, der erst durch Nachträge die nötige Substanz erhält.

Besonders virulent wird der Streit vor allem bei Pauschalverträgen (bzw. Pauschalpositionen in Einheitspreisleistungsverzeichnissen) und bei schlampig bzw. routinemäßig ohne Berücksichtigung der konkreten Bausituation erstellten Leistungsverzeichnissen. Viel Streitpotential steckt auch in den verkehrsüblichen Nebenleistungen (vgl. § 9 Nr. 8 VOB/A und § 2 Nr. 1 VOB/B).

2. Vertragsrechtliche Grundlagen

Die VOB/B konzipiert den Bauvertrag als eine dynamische Leistungsbeziehung. Vertragsrechtliche Grundlage dafür sind § 1 Nr. 3 und 4 VOB/B. Danach kann der Auftraggeber Änderungen des Bauentwurfs anordnen (Nr. 3) und er kann durch einseitige Erklärung den Auftragnehmer zu zusätzlichen, also nicht vereinbarten Leistungen verpflichten, soweit sein Betrieb auf sie eingerichtet ist (Nr. 4). 77

Für beide Partner ist die Regelung nicht risikofrei. Für den Auftraggeber besteht die Gefahr, daß er aufgrund von Anscheins- oder Duldungsvollmachten in unkontrollierte Nachträge hineingerät, für den Auftragnehmer, daß er eine effektiv teurere Ausführung, die er als Nachtrag angesehen hat, ohne zusätzliche Vergütung ausführen muß.

3. Regelung

Die einschlägige Regelung ist § 2 Nr. 6 VOB/B. Danach hat der Auftragnehmer einen Anspruch auf besondere Vergütung. Er muß den Anspruch auf sie allerdings ankündigen, bevor er mit der Ausführung der Leistung beginnt. 78

Die Vorschrift ist abzugrenzen von § 2 Nr. 5 VOB/B und von § 4 Nr. 1 Abs. 4 VOB/B. Diese beiden Vorschriften betreffen bereits vertraglich geschuldete Leistungen, § 2 Nr. 5 VOB/B den Fall, daß durch Planungsänderungen im Bereich der bereits geschuldeten Leistung die Kalkulationsgrundlagen für den vereinbarten Preis verändert werden, § 4 Nr. 1 VOB/B den Fall, daß eine die bestehenden Vertragspflichten ausfüllende Weisung des Auftraggebers zu unangemessenen Erschwernissen führt.

4. Problemfälle

79 Die Fallgestaltungen lassen sich in der Praxis weit schwerer abgrenzen als in der begrifflichen Darstellung. Wichtig ist, daß die Anwendung der betreffenden Vorschriften sich nicht nach den Vorstellungen der Beteiligten, sondern nach objektiven Kriterien bestimmt.

Systematisch korrekt ist bei der Prüfung der Fallgestaltungen wie folgt vorzugehen:

Zunächst ist durch Auslegung der gesamten Vertragsunterlagen festzustellen, ob die streitige Leistung vertraglich geschuldet war. Ist das der Fall, so scheidet § 2 Nr. 6 VOB/B aus, und zwar selbst dann, wenn "Nachtragsaufträge" angeboten und erteilt worden sind.

War die Leistung nicht geschuldet, so ist zu prüfen, ob sie "gefordert" worden ist. Das ist die Frage, ob der Auftraggeber eine Willenserklärung auf Erweiterung der vertraglichen Leistungsverpflichtung gemäß § 1 Nr. 4 VOB/B abgegeben hat. Bei dieser Problemstellung spielen häufig Vollmachtsfragen - einschließlich der Anscheins- und Duldungsvollmacht - eine Rolle. Ist die zusätzliche Leistung gefordert worden, dann muß der Entgeltanspruch angekündigt worden sein. Dafür genügt natürlich auch ein Nachtragsangebot.

War die Leistung ohnehin geschuldet, wenn auch unter Umständen in anderer Gestalt (Planänderungen), so ist zu prüfen, ob die Änderung die Kalkulationsgrundlagen verändert hat. Ist das der Fall, so ist gemäß § 2 Nr. 5 VOB/B ein neuer Preis zu vereinbaren. Kommt es zu keiner Einigung, wird er notfalls gerichtlich festgesetzt. Sonst, also wenn sich die Kalkulationsgrundlagen nicht geändert haben, bleibt alles beim alten.

§ 4 Nr. 4 VOB/B betrifft sonstige Weisungen des Auftraggebers, wenn sie die vertragliche Leistungsverpflichtung nicht erweitern, vielmehr die bestehenden Vertragspflichten lediglich konkretisieren. In diesem Fall hat der Auftragnehmer einen Anspruch auf Ersatz der Mehrkosten nur, wenn die Weisung zu einer ungerechtfertigten Erschwerung geführt hat, mit anderen Worten objektiv unzweckmäßig und überflüssig aufwendig war. Maßgeblicher Zeitpunkt für die danach erforderliche Beurteilung der Weisung ist der ihrer Erteilung, maßgebliche Sicht die eines verständigen Bauherren in der konkreten Situation (vgl. BGH unter 5.).

5. Rechtsprechung

Instruktiv für die Gesamtproblematik ist die aktuelle Entscheidung: 80

BGH, Urt. v. 9.4.1992 - VII ZR 129/91,
ZfBR 1992, 211.

C. Vorzeitige Vertragsbeendigung

1. Allgemeines

81 Es ist hier nicht nur von Kündigung, sondern von "vorzeitiger Vertragsbeendigung" die Rede. Das hat seine guten Gründe: Kündigung ist bei weitem nicht die einzige Möglichkeit der Vertragsbeendigung. Da die Situationen, in denen es zu "Kündigungen" kommt, in der Regel konfliktträchtig sind, ist die sorgfältige Erwägung aller Beurteilungs- oder Handlungsmöglichkeiten unerläßlich.

Einmal muß man nämlich auch bei den so bezeichneten Kündigungen die Möglichkeit aller anderen Formen der Vertragsbeendigung im Auge haben (Beurteilungsaspekt). Zum andern darf man seine Überlegungen nicht auf die Kündigung nach § 649 BGB, §§ 8, 9 VOB/B beschränken, wenn man sich entschließt, die Vertragsbeziehung vorzeitig zu beenden (Handlungsaspekt).

2. Übersicht über die Möglichkeiten vorzeitiger Vertragsbeendigung und ihre Folgen

Grundlage	Vertragsbeendigung durch/wegen	Folgen
BGB allgem.	Positive Vertragsverletzung	Lösung d.V. ohne Ersatz + SchE wg. NE
BGB allgem.	Geschäftsgrundlage, Kündigung	Lösung d.V. ohne Ersatz
BGB allgem.	wichtiger Grund außerh. VOB/	Kündigung ohne Ersatz
BGB allgem.	einverständliche Vertragsbeendigung (Vereinbarung)	nach Vereinbarung, meistens Abrechnung nach status quo
BGB allgem.	Unmöglichkeit, Unvermögen	BGB allgem. §§ 320ff
BGB allgem.	einverständliche Vertragsbeendigung (tatsächliches Verhalten)	Abrechnung nach status quo (meistens)
BGB allgem.	Rücktritt, vereinbarter	BGB allgem. §§ 346ff bzw. Vertrag
BGB allgem.	Anfechtung	Vertrauensinteresse + Bereicherung
BGB/WerkV	Kündigung § 649 BGB	Lösung mit Vergütung abz. Ersparnis
BGB/WerkV	Kündigung § 643 BGB	Kündigung + Entsch.
VOB	Kündigung VOB/B § 8 Nr.1	Lösung mit Vergütung abz. Ersparnis
VOB	Kündigung VOB/B § 8 Nr.2	Lösung ohne Ersatz + Schadensersatz wg. NE.
VOB	Kündigung VOB/B § 8 Nr.3	Lösung ohne Ersatz + Schadensersatz wg. NE,
VOB	Kündigung VOB/B § 9	status quo + Entsch. § 642 + Schadensersatz
VOB	Kündigung VOB/B § 8 Nr.4	Lösung ohne Ersatz + Schadensersatz wg. NE.

82

3. Beendigungsgründe nach BGB allgemein

83 Da die Praxis der Vertragsabwicklung beim Bauvertrag selten in der Hand von Juristen liegt, wird diesen Lösungsmöglichkeiten, die durchweg spezielle fachlich juristische Kenntnisse voraussetzen, kaum Aufmerksamkeit zuteil. Auch können sie unter anderen rechtlichen Figuren, vor allem den Kündigungen nach VOB, verborgen sein, weil die handelnden Personen nicht über einen die VOB überschreitenden juristischen "Wortschatz" verfügen.

Für Unmöglichkeit und Anfechtungsfälle gelten keine Besonderheiten, ihre praktische Bedeutung ist eher gering. Die Möglichkeit, ein vertragliches Rücktrittsrecht zu vereinbaren, ist zu Unrecht umstritten,

> (wie hier Nicklisch/Weick, VOB,
> 2. Aufl., vor §§ 8, 9 Rz. 23;
> a.A. z.B. Ingenstau/Korbion, VOB,
> vor §§ 8, 9 Rz.24).

Das gilt, einmal ganz abgesehen von der Möglichkeit, Rücktrittsvereinbarungen umzudeuten, auch für den Rücktritt im technischen Sinne. Er ist vor Beginn der Arbeiten ganz unproblematisch, nachher führt er zwar zu Komplikationen, ihren wirtschaftlichen Auswirkungen kann aber durchaus eine sinnvolle Vertragsabsicht zugrunde liegen.

Praktisch bedeutsam sind Kündigungen wegen Wegfalls der Geschäftsgrundlage, aus wichtigem Grund außerhalb der VOB sowie einverständliche Vertragsbeendigung. Es gilt für sie wenig bauspezifisches, so daß auf die allgemeinen Figuren verwiesen werden kann. In der Praxis der Abwicklung von Bauverträgen erscheinen diese richtigerweise so einzuordnenden Vertragsbeendigungen häufig als "Kündigung nach VOB".

An Kündigung wegen positiver Vertragsverletzung außerhalb von §§ 8, 9 VOB/B ist ebenfalls stets zu denken. Voraussetzung ist ein schuldhaftes Verhalten der Gegenseite, das den Vertragszweck so sehr gefährdet, daß die Fortsetzung des Vertrags unzumutbar wird.

Beispiele:

grobe Pflichtverletzungen (Hinweispflichten, Bestechung von Angestellten, Beleidigungen, Täuschungsmanöver, Leistungsverweigerungen unter erschwerenden Umständen);

sonstige gravierende Vertrauensbrüche (in der Literatur wird bereits die Zahlung mit ungedeckten Schecks dazu gerechnet - vgl. BGB-RGRK/Glanzmann, § 643 Rz. 12).

Fallgestaltungen aus der Rechtsprechung des Bundesgerichtshofs, die in diese Kategorien fallen sind zum Beispiel

BGH, Urt. v. 11.12.1975 - VII ZR 37/74,
BGHZ 65, 372, 374 = BauR 1977, 126
= WM 1976, 184 = NJW 1976, 517;

BGH, Urt. v. 21.3.1974 - VII ZR 139/71,
BauR 1974, 274 = WM 1974, 576
= NJW 1974, 1080;

BGH, Urt. v. 30.6.1983 - VII ZR 293/83,
BauR 1983, 459 = ZfBR 1983, 230
= WM 1983, 1043 = NJW 1983, 2439;

BGH, Urt. v. 12.6.1980 - VII ZR 270/79,
= ZIP 1980, 637 = BauR 1980, 574
= ZfBR 1980, 229 = WM 1980, 951
= SFH § 633 BGB Nr. 24.

Trotz abweichender Begründung kann man auch die Fälle

BGHZ 31, 224 und

BGHZ 45, 372, 375 hier einordnen
(so auch Nicklisch, aaO,
vor §§ 8, 9 Rz. 12).

Rechtsfolgen: Bis zum Beginn der Bauleistungen Rücktritt, danach in der Regel fristlose und nicht von eine Abmahnung abhängige - Kündigung, wobei die Einzelheiten der Abrechnung, vor allem beim VOB-Vertrag aus § 8 Nr. 3 VOB/B analog entnommen werden können.

4. Freie Kündigung (auch "jederzeitige Kündigung")

(§ 649 BGB, § 8 Nr. 1 VOB/B)

84 Die freie Kündigung ist Ausdruck des Gedankens, daß der Werkunternehmer/Auftragnehmer keinen Anspruch auf Ausführung des Werks hat. Deshalb sind Vertragsklauseln, die sie ausschließen, jedenfalls in AGB nicht unproblematisch.

AGB-rechtlich problematisch sind ferner Klauseln, die im Falle der freien Kündigung den Vergütungsanpruch beschneiden (§§ 9, 10 Nr. 3 AGBG) oder dem Auftragnehmer die volle Vergütung ohne Berücksichtigung von Ersparnissen belassen.

Ob man den Wegfall von Einzelpositionen des Leistungsverzeichnisses so ohne weiteres nach diesen Grundsätzen beurteilen kann, ist nicht unzweifelhaft,

so aber OLG Nürnberg SFH § 10 AGBG Nr. 2.

5. Kündigung wegen Vermögensverfalls des Auftragnehmers

(§ 8 Nr. 2 VOB/B)

Den in der Bestimmung genannten Fällen (Zahlungseinstellung, Konkurs, Vergleich) stehen sonstige Vermögensverschlechterungen nicht gleich. 85

Abrechnung der ausgeführten Leistungen nach § 6 Nr. 5 VOB/B.

6. Kündigung nach § 8 Nr. 3 VOB/B

Diese Fallgestaltung gehört zu den Besonderheiten der VOB/B. Es werden bei ihr immer wieder Fehler gemacht. Vor allem kann aber der Auftraggeber, der "eigentlich" nach § 8 Nr. 3 kündigen will, wenn die Voraussetzungen nicht gegeben sind, in die "freie" Kündigung der Nr. 1 tappen. So wird nämlich eine mangels Voraussetzungen nach Nr. 3 nicht mögliche Kündigung von den Gerichten in der Regel umgedeutet. 86

Die Kündigung ist - neben den anderen Voraussetzungen wie Fristablauf usw. - in den Fällen des § 4 Nr. 7 (Mängel vor Abnahme) und des § 5 Nr. 4 (Verzögerungen) VOB/B die Voraussetzung für die Ersatzvornahme (einschließlich entsprechendem Vorschuß).

Teilkündigung für abgrenzbare Leistungsteile ist zulässig und häufig auch ratsam.

Die Literatur und "theoretisch" (obiter) auch der Bundesgerichtshof halten es für möglich, daß es ausnahmsweise einer Kündigung nach Nr. 3 als Voraussetzung für eine Ersatzvornahme nicht bedarf. Sich darauf zu verlassen, daß eine solche Ausnahme vorliegt, ist sträflicher Leichtsinn.

7. Kündigung nach § 8 Nr. 4

87 Die hier vorgesehene Kündigungsmöglichkeit wegen Beteiligung an wettbewerbsbeschränkenden Absprachen ist wegen der geregelten Befristung (12 Werktage) eher eine Beschränkung der sonst wegen positiver Vertragsverletzung gegebenen Kündigungsmöglichkeiten.

D. Vertragsstrafen

88 Vertragsstrafen sind an sich kein Sonderproblem des Bauvertrags. Es gibt jedoch einiges Bauspezifische zu beachten.

Zunächst ist für den VOB-Vertrag die Beziehung zu den Regelungen für Ausführungsfristen und Behinderungen, §§ 5, 6 VOB/B im Auge zu behalten. Im übrigen regelt § 11 VOB/B einige Besonderheiten.

Zwei Fragen sollen hier kurz dargestellt werden, die sich praktisch so nur beim Bauvertrag stellen, nämlich die als Quote der Auftragssumme pro Zeiteinheit (meistens Verzögerungstag) bemessene, formularmäßig im Sinne des AGBG vereinbarte Vertragsstrafe und der formularmäßige Vorbehalt.

1. Vertragsstrafe als Quote der Auftragssumme

89 Das AGB-rechtliche Problem solcher Klauseln ist ihre Offenheit nach oben. Aus ihr ergibt sich, daß - und dies vor allem bei komplexeren Vorhaben unter Umständen relativ leicht aus geringfügigem Anlaß - der Gewinn des Unternehmers oder

gar die ganze Auftragssumme "aufgezehrt" werden kann. Aber auch ganz allgemein kann eine Vertragsstrafe dieser Struktur zu einer "Ertragsquelle" des Auftraggebers umschlagen.

Mit Klauseln dieser Art befassen sich mehrere Urteile des Bundesgerichtshofs, die sie schrittweise verallgemeinernd für unwirksam erklären. Von Interesse ist heute nur noch die letzte Entscheidung dieser Reihe. Sie formuliert folgenden Grundsatz:

Jede formularmäßig oder sonst in AGB vorgesehene Vertragsstrafe, die in Anteilen der Auftragsssumme (meist Prozent- oder Promillesätze) pro Zeiteinheit der Zuwiderhandlung ausgedrückt ist, muß eine angemessene Begrenzung nach oben enthalten, sonst ist sie gemäß § 9 AGBG unwirksam;

BGH, Urt. v. 19.1.1989 - VII ZR 348/87, ZIP 1989, 243 = BauR 1989, 327 = ZfBR 1989, 102 = WM 1989, 449.

Diese Rechtsprechung läßt sich, entgegen einer verbreiteten Meinung, nicht dadurch umgehen, daß man eine Vertragsstrafe diesen Typs als Blankett formuliert und den konkreten Promillesatz, sei es auch wirklich "ausgehandelt", das heißt individuell vereinbart, in das Blankett einsetzt. Das hilft deshalb nicht weiter, weil das Blankett bei jedem beliebigen Promillesatz gegen das AGBG verstößt. Vgl. zu dieser Problematik die Entscheidungen

BGH, Urt. v. 10.10.1991 - VII ZR 289/90, BauR 1992, 226 = ZfBR 1992, 63 = WM 1992, 401 = NJW 1992, 1107 = BB 1992, 522 = DB 1992, 780;

BGH, Urt. v. 30.10.1991 - VIII ZR 51/91, BB 1991, 2469;

BGH, Urt. v. 3.12.1991 - XI ZR 77/91,
ZIP 1992, 24 = WM 1992, 50
= BB 1992, 169 = NJW 1992, 503
= MDR 1992, 125
(zum abstrakten Unterlassungsprozeß
gegen ein Formular).

Für die Vertragspraxis ist damit klar, daß die Formulierung einer entsprechenden Obergrenze unerläßlich ist. Will man die "Druckfunktion" der Vertragsstrafe, die sich durch die Begrenzung nach oben irgendwann einmal verbraucht, möglichst lange aufrechterhalten, so bieten sich vertragliche Regelungen an, die Kombinationen von Vertragsstrafe und Verzugsschadensersatz vorsehen, unter Umständen mit sich vergrößernden Anteilen, der Schadensersatz dabei pauschaliert. Dabei muß man allerdings beachten, daß der Nachweis eines geringeren Schadens offen gehalten werden muß (§ 11 Nr. 5 AGBG).

2. **Formularmäßiger Vorbehalt der Vertragsstrafe bei Abnahme**

90 Es geht dabei um Formulare für förmliche Abnahmen, die routinemäßig den Vorbehalt von Vertragsstrafen vorsehen, also gewissermaßen formularmäßig den Zweck des Vorbehalts unterlaufen, "unter dem Eindruck der nun doch erfolgten Erfüllung" eine Überlegung des Auftraggebers zur Geltendmachung der Vertragsstrafe zu veranlassen. Damit ist der Bundesgerichtshof großzügig, vgl.

BGH, Urt. v. 25.9.1986 - VII ZR 276/84,
ZIP 1986, 1570 = BauR 1987, 92
= ZfBR 1987, 35 = NJW 1987, 380
= SFH § 11 VOB/B (1973) Nr. 11,

nicht zuletzt wohl deshalb, weil die auf eine persönliche Beziehung der Vertragspartner abgestellten Motive des BGB-

Gesetzgebers für den modernen Wirtschaftsverkehr nicht sonderlich realistisch sind.

3. Berechnung der Fristen (BGB-VOB/B)

Nach dem BGB gilt § 193 BGB. Das heißt im Ergebnis, daß 91
Nicht-Arbeitstage (Samstage, Sonn- und Feiertage) nur dann
nicht mitgerechnet werden, wenn der Endzeitpunkt der Frist
auf einen solchen Tag fällt.

Nach § 11 Nr. 3 VOB/B zählen dagegen nur die Werktage, dies
allerdings einschließlich der Samstage.

E. Behinderungen/Verzögerungen

1. Abschnitt
Verzögerungen

1. Allgemeines

Während das gesetzliche Werkvertragsrecht auf die Ablieferung des fertiggestellten Werks abstellt und Verzögerungsfolgen an die verspätete Ablieferung anknüpft, geht die VOB/B von Vereinbarungen über die Bauausführung als solche aus und regelt Verzögerungsfolgen bereits als Folge einer vertragswidrigen Ausführung der Bauleistung als solche. Das dient vor allem dem Schutz des Auftraggebers. Es wird ihm nicht zugemutet, gewissermaßen sehenden Auges auf den Verzug mit der Ablieferung des Werks zu warten. 92

Die VOB/B sieht deshalb als Grundlage der Bauausführung vertragliche Fristen vor, zum Beispiel für den Beginn der Ausführung und für die Fertigstellung von Zwischenschritten. Das kann im Grenzfall bei entsprechenden Vereinbarungen so weit gehen, daß ein ausführlicher Bauzeitenplan vertraglich vereinbart wird. Ohne besondere Vereinbarung enthält aber der Bauzeitenplan noch keine Vertragsfrist.

2. Beginn der Ausführung (§ 5 Nr. 2)

93 Maßgebend ist in erster Linie eine konkret vereinbarte Frist. Dazu gehört auch die Vereinbarung, daß der Auftraggeber die Leistung frei abrufen kann. Sind solche Regelungen nicht getroffen, so kann der Auftraggeber nach Abs. 2 innerhalb von 12 Werktagen abrufen und hat auf Verlangen über den voraussichtlichen Beginn der Arbeiten Auskunft zu erteilen.

3. Förderungsverpflichtung (§ 5 Nr. 3)

94 Aus Nr. 3 ergibt sich die Verpflichtung des Auftragnehmers, von vorneherein und ständig ausreichend Personal, Geräte und Material an der Baustelle vorzuhalten. Das ist eine Konkretisierung der Förderungsverpflichtung der Nr. 1. Für diese konkret genannten Defizite kann der Auftraggeber, sanktioniert durch die Folgen der Nr. 4, unverzügliche Abhilfe verlangen.

4. Schadensersatz und Kündigung (§ 5 Nr. 4)

95 Liegt eine Verzögerung nach Nr. 2 oder Nr. 3 vor, so kann der Auftraggeber stets Verzögerungsschaden nach § 6 Nr. 6 VOB/B geltend machen. Daneben kann er nach angemessener Fristsetzung mit Androhung gemäß § 8 Nr. 3 VOB/B kündigen.

5. Verhältnis zum allgemeinen Leistungsstörungsrecht

Die Regelungen sind gegenüber dem allgemeinen Leistungsstörungsrecht Sonderregelungen, die dessen Anwendbarkeit ausschließen.

96

2. Abschnitt
Behinderungen

1. Begriffe

Behinderungen liegen vor, wenn der Fortgang der Bauausführung durch Umstände und Ereignisse erschwert, verzögert oder gehemmt wird, die vom Auftraggeber ausgehen oder von den Vertragsbeteiligten unabhängig sind. Es geht dabei, wie schon die gewählte Definition zeigt, um vorübergehende Umstände und Ereignisse bei der Vertragsabwicklung.

97

2. Regelung § 6 VOB/B

a) Anzeigepflicht (Nr. 1)

Behinderungen, die nach seiner Beurteilung vorliegen, hat der Auftragnehmer unverzüglich schriftlich anzuzeigen. Das dient der Information des Auftraggebers und soll ihm Abhilfe ermöglichen. Es ist daneben Voraussetzung für die weiteren Ansprüche des Auftragnehmers aus § 6 VOB/B. Dem Auftraggeber offenkundige Behinderungen brauchen allerdings nicht angezeigt zu werden.

98

b) Verlängerung von Ausführungsfristen (Nr. 2)

99 Vorhandene Behinderungen, die ordnungsgemäß angezeigt worden sind, führen in drei Fällen zu einer Verlängerung der Ausführungsfristen, und zwar

bei vom Auftraggeber schuldhaft verursachten Behinderungen;

bei Streik und Aussperrung;

bei höherer Gewalt.

Zur letzteren gehören Witterungseinflüsse nur, wenn mit ihnen während der Ausführungszeit bei Abgabe des Angebots nicht gerechnet werden mußte (Nr. 2 Abs. 2).

c) Verpflichtung zur Weiterführung der Arbeiten (Nr. 3)

100 Auch bei ordnungsgemäß angezeigter und tatsächlich vorliegender Behinderung hat der Auftragnehmer sein Möglichstes zu tun, um die Arbeiten weiterzuführen. Folge der Behinderung ist also im allgemeinen nicht Befreiung von der Leistungsverpflichtung, sondern neben Zeitzugaben ein Anspruch auf Mehrkosten. Dafür kommen je nach Sachlage § 4 Nr. 1 Abs. 4 Satz 2, § 2 Nr. 5 und § 2 Nr. 6 VOB/B sowie § 642 BGB infrage, daneben bei Verschulden auch § 6 Nr. 6 VOB/B.

d) Berechnung der Fristverlängerung (Nr. 4)

101 Zu berechnen ist die Fristverlängerung nach der Dauer der Behinderung unter Berücksichtigung weiterer Erschwernisse.

e) Schadensersatz (Nr. 6)

Die Vorschrift ist Anspruchsgrundlage für Schadensersatzansprüche aus Behinderungen. Gleichzeitig begrenzt sie solche Ansprüche. 102

f) Längere Unterbrechungen (Nr. 5 und 7)

Bei längeren Unterbrechungen besteht nach näherer Maßgabe von Nr. 5 und 7 ein Anspruch auf vorzeitige Abrechnung der bereits erbrachten Leistungen sowie für beide Teile eine Kündigungsmöglichkeit. 103

3. Verhältnis zu allgemeinen zivilrechtlichen Regelungen

Die Regelungen der VOB/B für Behinderungen schließen als Sonderregelungen für diesen Teilbereich der Leistungsstörungen die allgemeinen gesetzlichen Regelungen aus. 104

Vgl. zu dieser Problematik etwa

BGH, Urt. v. 17.1.1974 - VII ZR 146/72,
BGHZ 62, 90 = BauR 1974, 208
= WM 1974, 456 = NJW 1974, 646.

F. Aufmaß und Abnahme

1. Abschnitt
Aufmaß

105 Da der Einheitspreisvertrag an die geleisteten Mengen anknüpft und die Preisbemessung auf sie bezieht, ist deren Feststellung, das Aufmaß, eine wesentlicher Faktor der Rechnungsstellung.

Die VOB/B spricht nicht von Aufmaß, vielmehr von den zum Nachweis von Art und Umfang der Leistung erforderlichen Mengenberechnungen (§ 14 Nr. 1 VOB/B), ferner von den für die Abrechnung erforderlichen Feststellungen und Abrechnungsbestimmungen der technischen Vertragsbestimmungen (§ 14 Nr. 2 VOB/B). Für die Berechnung des Aufmaßes gibt es eine Reihe von DIN-Normen, auf die im VOB/B-Vertrag durch den Hinweis auf die technischen Vertragsbestimmungen Bezug genommen wird. Soweit das nicht vereinbart ist oder die Durchsetzung von Aufmaßgrundsätzen als Verkehrssitte nicht unzweifelhaft ist, empfiehlt es sich, Aufmaßmodalitäten vertraglich festzulegen. Das kann durch Bezugnahme auf technische Normen aber auch in anderer Weise nach Maßgabe vertragsspezifischer Gesichtspunkte geschehen.

Soweit es um Prozeßvortrag bei Aufmaßstreitigkeiten geht, ist eine neuere Entscheidung des Bundesgerichtshofs von Interesse,

BGH, Urt. v. 31.1.1992 - VII ZR 237/90,
BauR 1992, 371 = ZfBR 1992, 161
= WM 1992, 1076 = NJW-RR 1992, 727.

106 Größere Schwierigkeiten bereitet das gemeinsame Aufmaß, das insbesondere bedeutsam wird, wenn Mengen nachträglich nicht mehr zuverlässig ermittelt werden können, etwa beim Aushub von Material unterschiedlicher Qualität, z.B. Boden und

Fels verschiedener Klassen. In solchen Fällen ist die Feststellung durch gemeinsames Aufmaß üblich und geraten. Die VOB/B sieht hierfür (§ 14 Nr. 2) eine Initiative des Auftragnehmers vor.

Das gemeinsame Aufmaß hat hier eine Anerkennungswirkung, die sich juristisch nicht nach den Grundsätzen über das - bekanntlich kondizierbare - abstrakte Schuldanerkenntnis lösen lassen. Vielmehr ist die Wirkung eine prozessuale Präjudizierung des Vortrags, die Mengen seien anders gewesen. Das läßt sich begründen mit der Beweisnot des Anspruchstellers und findet darin auch seine Grenze. Darüber hinaus besteht eine "Anerkennungswirkung" deshalb allenfalls in einer Umkehr der Beweislast.

2. Abschnitt
Abnahme

1. Allgemeines

Der Begriff wird am Bau in durchaus unterschiedlicher Bedeutung verwendet. Zu unterscheiden sind die technischen Abnahmen, die öffentlich-rechtlichen Abnahmen und die bürgerlichrechtlichen Abnahmen. Nur von den letzteren ist im folgenden die Rede. 107

Die öffentlich-rechtlichen Abnahmen bestätigen das Werk als den erforderlichen Genehmigungen entsprechend. Sie haben nach Zielsetzung und Prüfungsumfang keine unmittelbare vertragsrechtliche Bedeutung. Daraus folgt: weder hindert die fehlende öffentlich-rechtliche Abnahme die bürgerlichrechtliche, noch ergibt sich aus der erfolgten öffentlich-rechtlichen Abnahme eine bürgerlichrechtliche Abnahmewirkung.

Bei technischen Abnahmen ist die Sache etwas komplizierter. Prinzipiell kann mit einer technischen Abnahme auch eine bürgerlichrechtliche vorgenommen werden, dies meistens in der Form der Teilabnahme. Nur müssen die Voraussetzungen der bürgerlichrechtlichen Abnahme voll erfüllt sein. Sonst hat die technische Abnahme, vorbehaltlich abweichender vertraglicher Vereinbarungen, die sie etwa als Teilabnahme qualifizieren, auch indiziell keine bürgerlichrechtliche Abnahmewirkung.

2. Abnahme nach bürgerlichem Recht

108 Nach bürgerlichem Recht ist die Abnahme eine geschäftsähnliche Handlung des Bestellers, mit der er das Werk als im wesentlichen vertragsgemäß entgegennimmt.

Das bedingt eine Menge von Unsicherheiten und daraus folgenden Streitmöglichkeiten. Der Besteller kann sich durchaus darüber im Unklaren sein, daß er überhaupt "hinnimmt", oder auch darüber, daß er das Werk als im wesentlichen vertragsgemäß akzeptiert, obwohl er Vorbehalte angemeldet hat. Aus seiner Sicht sind diese meist gewichtiger als aus der des Unternehmers. Maßgebend ist zwar weder die subjektive Sicht des einen oder des andern, vielmehr die objektivierte der Unternehmerseite, aber auch das begünstigt tendenziell die Sicht des Unternehmers. Da eine Anfechtung nicht möglich ist (geschäftsähnliche Handlung), wird dann der Streit bei prozessual häufig völlig offenem Ausgang über die Frage der Hinnahme oder die der Bedeutung der geltend gemachten Vorbehalte geführt.

3. VOB-Vertrag

Die Regelungstechnik der VOB/B wie auch sonstiger, inhaltlich ähnlicher Muster der Vertragspraxis versucht, die gekennzeichneten Schwierigkeiten zu vermeiden. Die Ansätze für mögliche Streitigkeiten sind allerdings die gleichen. 109

Die VOB/B unterscheidet (§ 12 VOB/B)

- die Abnahme auf Verlangen (Nr. 1 - 3), einschließlich der

- Teilabnahme auf Verlangen, jeweils binnen 12 Tagen oder vereinbarter Frist,

- die förmliche Abnahme (Nr. 4) und die

- fiktive Abnahme (Nr. 5) durch Fristablauf nach Mitteilung oder durch Ingebrauchnahme.

Varianten der VOB-Vertragspraxis zur förmlichen Abnahme sind Vereinbarungen, die auf alle Fälle die förmliche Abnahme vorschreiben, dies häufig in Verbindung mit dem (in AGB weitgehend untauglichen) Versuch, die Abnahme über den Fertigstellungstermin der einzelnen Werkleistung hinaus zu verschieben, sei es durch Bezug auf andere Werkleistungen (Grenzfall: Erstellung des gesamten Bauwerks samt sämtlicher Außenanlagen oder etwa, bei Wohnungseigentum bis zur Abnahme durch sämtliche Wohnungseigentümer), sei es (in AGB ebenfalls untauglich) durch Verlagerung der Einladungsinitiative auf den Auftraggeber. S. zu solchen Abnahmeklauseln auch 5.

4. Teilabnahmen

110 Teilabnahmen sind möglich. Da die Teilabnahme im Gesetz nicht vorgesehen ist, bedarf sie aber der Vereinbarung, sei es im Vertrag (beim VOB-Vertrag ist sie vorgesehen), sei es später, dann gegebenenfalls auch durch konkludente, tatsächliche Teilabnahme. Diese muß freilich den, gegebenenfalls auch vertragsrechtlichen, Anforderungen an eine entsprechende Vertragsergänzung genügen. Es reicht also in aller Regel für eine Teilabnahme auch beim VOB-Vertrag nicht, daß der Besteller das fertig gestellte Teilwerk als im wesentlichen vertragsgemäß entgegennimmt (also "abnimmt"). Beim VOB-Vertrag ist allerdings § 12 Nr. 5 Abs. 2 VOB/B zu beachten.

5. Abnahmeklauseln

111 Vor allem bei Verträgen, die Werkleistungen verschiedener Unternehmer bündeln, besteht ein sachliches Bedürfnis zur gemeinsamen Abnahme. Das kann vertragstechnisch auf zweierlei Weise verwirklicht werden. Nach dem einen Muster ist die Abnahme an die einer anderen Werkleistung gekoppelt. Das findet sich zum Beispiel in Architektenverträgen in der Weise, daß das Architektenwerk mit der es betreffenden Werkleistung abgenommen wird bzw. als abgenommen gilt.

Das andere Muster ist die Herausschiebung auf einen möglichst späten Zeitpunkt, wie sie etwa in Verträgen von Generalunternehmern mit Subunternehmern zu finden ist.

Beiden Mustern ist das - an sich berechtigte - Interesse gemeinsam, die eigene Haftung und Gewährleistung an die des Nach- bzw. Nebenmanns zu binden bzw. umgekehrt den Nach- bzw. Nebenmann erst freizustellen, wenn man selbst frei wird.

Dieses, wie gesagt an sich berechtigte, Interesse darf der Auftraggeber aber nicht einseitig wahrnehmen. Deshalb hält der Bundesgerichtshof in ständiger Rechtsprechung Klauseln, die die Abnahme "künstlich" herausschieben, jedenfalls in AGB und damit in der Regel für unwirksam. Es ist deshalb zum Beispiel nicht möglich, die Abnahme des Werks eines Tiefbauunternehmers, der für ein Wohnbauvorhaben die Baugrube aushebt, bis zur Fertigstellung des Gebäudes hinauszuschieben, vgl. z.B. m.w.N.:

BGH, Urt. v. 6.6.1991 - VII ZR 101/90,
BauR 1991, 740 = BB 1991, 1819
= ZfBR 1991, 253 = WM 1991, 1962
= MDR 1991, 969 = NJW-RR 1991, 1238.

Fragt sich also, wie man das - wie gesagt an sich berechtigte - Interesse des Generalunternehmers in angemessenem Umfang zum Tragen bringen kann. Eine beschränkte, über das gesetzliche Minimum der Fertigstellung hinausgehende, eigene Interessenwahrnehmung wird man ihm nicht ohne weiteres verwehren können, zumal das Gesetz das Problem der gebündelten Werkleistungen nicht im Auge hat, vielmehr davon ausgeht, daß der Vertrag den beabsichtigten Gesamterfolg bewirkt. Als Lösungsmöglichkeiten bieten sich Gestaltungen an, die mit Rücksicht auf typische Verflechtungen Gruppen von Gewerken bilden, etwa die Rohbaugewerke, die Ausbaugewerke u.ä.

Die Rechtsprechung verwehrt es auch dem Besteller/Auftraggeber, den Zeitpunkt der Abnahme durch autonome eigene Entscheidung zu bestimmen. Es geht dabei um Klauseln, die - allein - auf Initiative des Bestellers eine förmliche Abnahme vorsehen. Behält der Besteller sich diese Initiative vor, so muß er einen am Gesetz orientierten Abnahmetermin bestimmen, will er nicht riskieren, daß die Abnahme fingiert wird, was für ihn allemal ungünstiger ist;

BGH, Urt. v. 13.7.1989 - VII ZR 82/88,
BauR 1089, 727 = ZfBR 1989, 251
= WM 1989, 1946 = NJW 1990, 43
= MDR 1989, 1004
("Altenheim Neandertal").

6. Regelungsvergleich BGB - VOB/B (nur praktisch wichtige Unterschiede)

112

	BGB	VOB/B
Abnahmepflicht	vertragsgemäßes Werk	bei Fehlen wesentlicher Mängel
fiktive Abnahme	keine	möglich
Form	frei	einseitig festlegbar
Teilabnahme	bei bes. Vereinbarung	auf Verlangen

7. Funktionen und Wirkungen der Abnahme

113 Die Abnahme hat Klarstellungs- und Auslösungsfunktion. Durch die Abnahme wird zwischen den Vertragspartnern dokumentiert, daß die Leistung abgeschlossen und im wesentlichen vertragsgemäß ist. Wichtiger ist die Auslösungsfunktion, also die Funktion, die Abnahmewirkungen auszulösen.

Das sind im einzelnen:

- die Konkretisierung der Leistungspflicht auf das abgenommene Werk;

- das Ende der Vorleistungsverpflichtung;

- Gefahrübergang;

- Fälligkeitsvoraussetzung für die Vergütung;

- der Beginn der Mängelhaftung;

- Verlust bestimmter Mängelhaftungsansprüche ohne Vorbehalt;

- Verlust von Vertragsstrafenansprüchen ohne Vorbehalt;

- Umkehr der Beweislast;

- Beginn der Verjährung für Mängelansprüche;

- Voraussetzung der Verjährung für Vergütungsansprüche.

Wegen Einzelheiten s. zur Fälligkeit bei Schlußzahlung, zur Vertragsstrafe und zur Verjährung jeweils dort.

G. Mängelansprüche

1. Abschnitt
Mangelbegriff

Darauf einzugehen, was einen Mangel nach allgemeiner bürgerlichrechtlicher Dogmatik ausmacht, ist hier nicht der Ort. Für den BGB-Werkvertrag läßt sich meines Erachtens jedenfalls sagen, daß die VOB auch für ihn wiedergibt, was nach Verkehrssitte und Treu und Glauben, § 157 BGB, regelmäßig eine mangelfreie Bauleistung ausmacht.   114

Danach (vgl. § 13 Nr. 1 VOB/B) ist eine Bauleistung mangelhaft, wenn sie

    nicht die vertraglich zugesicherten Eigenschaften besitzt,

    nicht den anerkannten Regeln der Technik entspricht oder

    nicht funktionstüchtig ist, das heißt mit Fehlern behaftet, die den Wert oder die Tauglichkeit zum gewöhnlichen oder im Vertrag vorausgesetzten Gebrauch aufheben oder mindern.

Das deckt sich bis auf die - sachlich bedeutsamen - Regeln der Technik im wesentlichen mit dem Wortlaut des § 633 BGB.

Eine in diesem Sinne mangelfreie Leistung hat der Unternehmer herzustellen, und zwar, soweit ihm das nicht gleich gelingt, ohne Rücksicht auf Verschulden durch Nachbesserung. Das kann unter Umständen auch Neuherstellung bedeuten.

    BGHZ 96, 111
    = JR 1986, 252 (Anm. Schubert).

1. <u>Zusicherungen</u>

115   Die Leistungsbeschreibung als solche ist, auch bei detaillierten Angaben, noch keine Zusicherung;

    BGH, Urt. v. 10.10.1985 - VII ZR 303/84,
    BGHZ 96, 111 = BauR 1986, 93
    = ZfBR 1986, 23 = WM 1986, 43
    = NJW 1986, 711 = JZ 1986, 291 (Anm. Köhler);

BGH, Urt. v. 26.2.1981 - VII ZR 287/70,
BauR 1981, 284 = ZfBR 1981, 139
= WM 1981, 563 = NJW 1981, 1448.

Andererseits ist - anders als im Kaufrecht - eine garantieähnliche Zusatzvereinbarung nicht erforderlich. Die Zusicherung ist für den Bauvertrag anders zu fassen, als für den Kaufvertrag.

Übernimmt der Werk-Unternehmer eine "Garantie" für Eigenschaften, so kann das dreierlei bedeuten. Jedenfalls wird damit eine einfache Zusicherung gegeben (Schadensersatz nur bei Verschulden, § 635 BGB, § 13 Nr. 7 VOB/B). Es kann aber auch eine qualifizierte Zusicherung (unselbständige Garantie: Schadensersatz ohne Verschulden) oder eine über die Vertragsmäßigkeit des Werks hinausgehende "selbständige Garantie" gemeint sein; zur letzteren vgl.

BGH, Urt. v. 5.3.1970 - VII ZR 80/68,
BauR 1970, 107
("Garantie" für eine Isolierschicht gegen Grundwasser);

BGH, Urt. v. 8.2.1973 - VII ZR 208/70,
BauR 1973, 191
(selbständige Garantie eines Mietertrags);

BGH NJW 1986, 1927.

2. Regeln der Technik

Es geht dabei in erster Linie um die Normen des Teils C, doch können auch andere, den allgemeinen technischen Standard bildenden, Regeln dazu gehören. Die VOB/B definiert die Nichteinhaltung dieser Regeln auch dann als Mangel, wenn die Funktionstüchtigkeit im Einzelfall nicht beeinträchtigt ist. Umgekehrt ist ein Werk noch lange nicht deshalb mangelfrei, weil es nach anerkannten Regeln der Tech-

116

nik erstellt ist. Nur müssen im VOB/B-Vertrag neben der Fehlerfreiheit auch die technischen Regeln eingehalten werden. Kurz gesagt heißt das, daß die Einhaltung dieser Regeln zwar eine notwendige aber keine hinreichende Bedingung der Mangelfreiheit ist, vgl. hierzu vor allem

BGH, Urt. v. 6.5.1985 - VII ZR 304/83,
BauR 1985, 567 = ZfBR 1985, 276
= WM 1985, 1077 = SFH 5 633 BGB Nr. 52
m. Anm. Hochstein m.w.N.

3. Fehlerfreiheit

117 Fehlerfreiheit in diesem Sinne meint Funktionstüchtigkeit für den durch den Vertrag festgelegten Zweck. Das ist im allgemeinen wenigstens der gewöhnliche Zweck, darüber hinaus auch die nach dem Vertrag anzunehmende Gebrauchstauglichkeit. Was damit im einzelnen konkret gemeint ist, muß durch Auslegung des Vertrages ermittelt werden. Zur Funktionstauglichkeit in diesem Sinne ist auch der normale Verkehrswert zu rechnen, weshalb gegebenenfalls auch der bloß merkantile Minderwert Fehlerfreiheit beeinträchtigen kann.

4. Zeitpunkt

118 Mangelfreiheit muß jedenfalls bis zur Abnahme bestehen, und zwar, wie zum Mangelbegriff dargelegt, in einem objektiven Sinn. Es können deshalb durchaus bautechnische Erkenntnisse, die erst nach der Abnahme bekannt geworden sind, die Mangelhaftigkeit begründen, wenn ohne ihre Berücksichtigung die Herstellung eines fehlerfreien Werks nicht möglich ist.

5. Hinweispflicht

Die Gewährleistung wird durch Nr. 3 im Ergebnis dann auf die ordnungsgemäß wahrgenommene Hinweispflicht beschränkt, wenn die Mangelhaftigkeit auf der Leistungsbeschreibung, auf Anordnungen des Auftraggebers, auf von ihm gelieferten Materialien oder auf der Beschaffenheit der Vorleistung eines anderen Unternehmers beruht.

119

2. Abschnitt
Ansprüche vor Abnahme

1. Rechtsnatur/Regelungsvergleich BGB-VOB/B

Ansprüche vor Abnahme sind keine eigentlichen Gewährleistungsansprüche, sie sichern vielmehr die ordnungsgemäße Erfüllung.

120

Die gesetzliche Regelung der § 633 Abs. 2, § 634 Abs. 1 Satz 2 BGB entspricht dem Konzept des BGB, das oben mit Bestellung und Ablieferung beschrieben worden ist. Die Mängelansprüche vor Abnahme beschränken sich deshalb konsequenterweise darauf, den Unternehmer zur vertragsgemäßen Ablieferung des mangelfreien Werks anzuhalten. Die Möglichkeit, den Unternehmer vor Abnahme zur Nachbesserung aufzufordern, hat keine darüber hinausgehende sachliche Bedeutung.

Dagegen entspricht die VOB/B-Regelung des § 4 Nr. 6 und 7 VOB/B mit einem eher kooperativen Bild vom Bauvertrag weit mehr den praktischen Bedürfnissen am Bau. Sie ist im übrigen als abschließende Regelung zu verstehen, die die gesetzlichen Vorschriften ausschließt;

BGH, Urt. v. 29.10.1964 - VII ZR 52/63,
SFZ 414 Bl. 136;
Nicklisch, aaO, § 4 Rz. 90.

2. § 4 Nr. 6 VOB/B

121 Zweck der Vorschrift ist es, die Gefährdung der vertragsgemäßen Leistung abzustellen, die durch das bloße Vorhandensein vertragswidrigen Materials an der Baustelle entstehen kann.

Die Regelung betrifft Stoffe und Bauteile, die noch nicht eingebaut sind und die vom Auftragnehmer oder auf seine Veranlassung angeliefert wurden. Entsprechen sie nicht dem Vertrag, so kann der Auftraggeber ihre Beseitigung verlangen und nach erfolgloser Fristsetzung selbst beseitigen.

Im Streitfall ist gerichtliche Klärung erforderlich, nach Sachlage ist das selbständige Beweisverfahren das Mittel der Wahl.

3. § 4 Nr. 7 VOB/B

a) Allgemeines

122 Die Regelung beruht auf dem Gedanken, daß es dem Auftragnehmer nicht zuzumuten ist, sehenden Auges die Weiterführung eines bereits als fehlerhaft erkannten Baus hinzunehmen. Deshalb formuliert sie einerseits die Pflicht des Unternehmers, erkannte Mängel alsbald abzustellen, andererseits das Recht des Auftraggebers, mit Nachdruck hierauf hinzuwirken.

Danach hat der Auftraggeber einen Anspruch auf Mängelbeseitigung, Satz 1, Anspruch auf Schadensersatz bei Verschulden, Satz 2, und eine Kündigungsmöglichkeit nach § 8 Nr. 3 VOB/B nach Fristsetzung mit Ablehnungsandrohung, Satz 3.

b) Einzelheiten

Ein gar nicht so seltener Streitpunkt ergibt sich daraus, daß der Auftraggeber zur Mängelbeseitigung aufgefordert hat, während der Auftragnehmer das als vergütungspflichtigen Zusatzauftrag verstanden sehen will. Es empfiehlt sich, hieran rechtzeitig zu denken, soweit ein - beweisbares - Einverständnis nicht zu erzielen ist, durch selbständiges Beweisverfahren.

123

Nicht erledigte Beseitigungsansprüche nach § 4 Nr. 7 VOB/B setzen sich nach Abnahme als Gewährleistungsansprüche fort;

BGH, Urt. v. 25.2.1982 - VII ZR 161/80,
BauR 1982, 277 = ZfBR 1982, 122
= WM 1982, 592 = NJW 1982, 1524
= SFH VOB/B (1973) § 4 Nr. 7 Nr. 2.

Der Schadensersatzanspruch umfaßt auch und abweichend von der Regelung des § 5 Nr. 6 VOB/B den entgangenen Gewinn;

BGH, Urt. v. 29.6.1961 - VII ZR 174/60,
SFZ 2, 414 Bl. 92.

Der Ersatz von Fremdnachbesserungskosten erfordert auch hier in der Regel den Weg über die Kündigung,

BGH, Urt. v. 15.5.1986 - VII ZR 176/85,
BauR 1986, 573 = ZfBR 1986, 226
= WM 1986, 1159 = NJW-RR 1986, 1148
= SFH VOB/B (1973) § 4 Nr. 7 Nr. 3.

Zu den Ausnahmen von der Regel macht der Bundesgerichtshof keine inhaltlichen Angaben. Man läßt sich besser nicht auf sie ein. Voraussetzung einer Ausnahme wäre jedenfalls, daß der Zweck des VOB/B-Grundsatzes, Abgrenzungsschwierigkeiten zu verhüten, unter keinen Umständen zum Tragen kommen kann. Zu notfalls gegebenen Gestaltungsmöglichkeiten vgl. die Anmerkung von Hochstein zu der vorstehenden Entscheidung.

Der Mangelbeseitigungsanspruch einschließlich dem auf Ersatz der Mängelbeseitigungskosten verjährt auch im Falle des § 4 Nr. 7 gemäß § 13 Nr. 4;

BGH, Urt. v. 22.10.1970 - VII ZR 71/69,
BGHZ 54, 352 = WM 1970, 1522
= NJW 1971, 69.

Dagegen verjähren die Schadensersatzansprüche erst in 30 Jahren;

BGH, Urt. v. 13.1.1972 - VII ZR 46/70,
WM 1972, 797 = DB 1972, 726.

3. Abschnitt
Ansprüche nach Abnahme

Die Ansprüche nach Abnahme ergeben sich aus § 13 Nr. 5 - 7 VOB/B bzw. aus §§ 634 ff BGB. Beim System der Mängelansprüche nach Abnahme bestehen die praktisch gewichtigsten Unterschiede zwischen dem BGB-Werkvertrag und dem VOB-Vertrag.

1. Regelungsvergleich VOB/B-BGB-Werkvertrag

Die wesentlichen Unterschiede insoweit sind: 124

Nach VOB/B muß das Mängelbeseitigungsverlangen schriftlich erfolgen, während es nach BGB formlos möglich ist;

Fremdnachbesserung setzt nach der VOB/B den Ablauf einer angemessenen Frist voraus (§ 13 Nr. 5 Abs. 2), während § 633 Abs. 3 BGB auf den Verzug des Unternehmers mit der Nachbesserung abstellt;

§ 13 Nr. 6 VOB/B beschränkt den Minderungsanspruch im Vergleich zu § 634 BGB auf die Fälle der Unmöglichkeit der Mängelbeseitigung, der Verweigerung wegen unverhältnismäßig hohem Aufwand und der Unzumutbarkeit für den Auftraggeber;

der Schadensersatzanspruch des § 13 Nr. 7 VOB/B besteht ergänzend neben den Ansprüchen auf Nachbesserung oder Minderung und ist inhaltlich beschränkt, während nach BGB § 635 der Schadensersatzanspruch an die Stelle von Wandelung oder Minderung tritt.

Unabhängig davon, daß die Wandelung auch auf den BGB-Bauvertrag nicht so recht paßt, ist sie jedenfalls beim VOB-Vertrag ausgeschlossen.

Im wesentlichen gleich sind die Beschränkungen der Gewährleistung bei Unverhältnismäßigkeit der Nachbesserung und der Kostenvorschuß für die Fremdnachbesserung.

2. Der "kleine" und der "große" Schadensersatzanspruch nach § 13 Nr. 7 Abs. 1 und 2 VOB/B

125 Die genannten, von der VOB/B nicht verwendeten Begriffe sind allgemein üblich, der kleine Anspruch ist der des Abs. 1 , der große der des Abs. 2.

a) Der kleine Schadensersatzanspruch § 13 Nr. 7 Abs. 1 VOB/B

126 Die Anspruchsvoraussetzungen dafür, daß der Auftraggeber überhaupt Schadensersatz verlangen kann, sind gegenüber dem BGB-Werkvertrag wesentlich verschärft. § 635 BGB verlangt neben Verschulden lediglich das Vorliegen eines Mangels. Dagegen erfordert § 13 Nr. 7 Abs. 1 VOB/B einen "wesentlichen" Mangel, der sich zudem "erheblich" auf die Gebrauchsfähigkeit auswirken muß. Für die Anwendung solcher Begriffe besteht naturgemäß ein breiter Bewertungsspielraum. Es ist weniger ein Problem der begrifflichen Festlegung als der prozessualen Taktik, eine Grenzsituation auf die eine oder die andere Seite zu schieben.

Daneben ist beim kleinen Schadensersatz der Schadensumfang auf die Schäden an der baulichen Anlage beschränkt. Nach der Rechtsprechung des Bundesgerichtshofs sind das allerdings neben den reinen Mängelschäden auch die damit in "engem und unmittelbaren Zusammenhang" stehenden Schäden. Damit liegt die Grenzziehung jedenfalls weitgehend so, wie bei § 635 BGB und den Ansprüchen aus positiver Vertragsverletzung (wegen "entfernterer" Mängelfolgeschäden).

b) Der große Schadensersatzanspruch
§ 13 Nr. 7 Abs. 2 VOB/B

Er erfordert neben den Voraussetzungen des "kleinen" Schadensersatzanspruch zusätzlich entweder, 127

daß der Mangel auf Vorsatz oder grober Fahrlässigkeit beruht, Abs. 2a, oder

daß er auf einem Verstoß gegen anerkannte Regeln der Technik beruht, oder

daß er in dem Fehlen einer zugesicherten Eigenschaft besteht, oder

daß er ein zu normalen Bedingungen versicherbares Risiko verwirklicht.

Gedeckt sind die sonstigen, nicht von § 13 Nr. 7 Abs. 1 VOB/B erfaßten mängelbedingten Schäden, z.B. weitere Sach- und auch Personenschäden.

Insoweit besteht weitgehend Kongruenz mit deliktischen Ansprüchen, für die selbstverständlich die Beschränkungen des VOB-Vertragsrechts nicht gelten und die im übrigen auch selbständig verjähren.

4. Abschnitt
Vorteilsausgleich

1. Erfolgshaftung und Sowieso-Kosten

Der Unternehmer haftet für den vertraglich geschuldeten Erfolg, auch wenn die Ausführung teurer wird als geplant; 128

hierzu:
BGH, Urt. v. 20.11.1986 - VII ZR 360/85,
BauR 1987, 207 = ZfBR 1987, 71
= NJW-RR 1987, 336
(Fassade auf ungeeignetem Putzuntergrund).

Er muß aber nicht die Kosten tragen, um die das Werk bei ordnungsgemäßer Ausführung "von voneherein" teurer geworden wäre (sogenannte Sowieso-Kosten);

hierzu:
BGH, Urt. v. 17.5.1984 - VII ZR 169/82,
BGHZ 91, 206 = BauR 1984, 510
= ZfBR 1984, 222.

Wie das abzurechnen ist, hängt von der konkreten Situation ab. Muß, kann, darf der Unternehmer noch nachbessern, kann er Erstattung der Sowieso-Kosten verlangen, bei Fremdnachbesserung sind sie vom Erstattungsanspruch des Auftraggebers abzuziehen.

Die Entscheidung vom 17.5.1984 ist vor allem für die Abgrenzungsfragen von Interesse.

129 Ausgangspunkt ist danach der vertragliche Erfolg. Er muß zunächst durch Auslegung des konkreten Vertrags ermittelt werden. Die Kosten der Herstellung dieses Erfolgs muß der Unternehmer tragen, auch wenn die Ausführung teurer ist, als er das beabsichtigt hat.

Richtet sich die Leistung nach einem Leistungsverzeichnis, das hinreichend genau die Ausführung beschreibt, und nach den Vorgaben der VOB/B, nach denen Zusatzarbeiten gegebenenfalls Mehrkosten verursachen, so können sich berücksichtigungsfähige Sowieso-Kosten daraus ergeben, daß für ein ordnungsgemäßes Werk Mehrkosten erforderlich sind.

Kurz gesagt: Für die Planung der eigenen Arbeit ist der Unternehmer zuständig und was er im konkreten Fall dafür zu leisten hat, ist seine vertragliche Risikosphäre.

Beispielsfälle:

- Universitätsbibliothek (Schalung)

- Wasserhaltung.

2. <u>Abgrenzung</u>

a) Im Ergebnis kann man sagen, je flauer die Leistungsvorgaben der Leistungsbeschreibung (das ist nicht nur das Leistungsverzeichnis!) sind, um so weniger Chancen bestehen für Sowieso-Kosten und umgekehrt für weitgehend genaue Leistungsvorgaben. 130

b) Beim Pauschalvertrag sind die Chancen ungünstiger als beim Einheitspreisvertrag.

Zu beachten gilt es schließlich, daß die Problematik der Sowieso-Kosten-Erstattung nichts mit der der Gewährleistung und der Fehlerhaftigkeit des Werks zu tun hat;

BGH, Urt. v. 17.5.1984 - VII ZR 169/82,
BGHZ 91, 206 = BauR 1984, 510
= ZfBR 1984, 222.

Es geht vielmehr ausschließlich darum, daß der Besteller durch die Herstellung des mangelfreien Werks keine Vorteile ziehen darf, auf die er vertraglich keinen Anspruch hatte. Auf ein mangelfreies Werk hat er in jedem Fall Anspruch, der Fragenkreis der Sowieso-Kosten betrifft nur das Problem, zu welchem Preis er es im Ergebnis bekommt, zum ursprünglichen Vertragspreis oder mit zusätzlichen Kosten.

Da die Sowieso-Kosten aus dem Gedanken des Vorteilsausgleichs entwickelt sind, können sie regelmäßig dann nicht berücksichtigt werden, wenn der Auftraggeber keinen Vorteil hat. Im Verhältnis von Haupt- und Subunternehmer kann das dazu führen, daß der Hauptunternehmer sich den Einwand der Sowieso-Kosten deshalb nicht entgegen halten lassen muß, weil der Hauptunternehmer sie, etwa wegen eines Pauschalvertrags, nicht weitergeben kann;

> BGH, Urt. v. 12.10.1989 - VII ZR 140/88,
> BauR 1990, 84 = ZfBR 1990, 16
> = WM 1990, 278 = NJW-RR 1990, 89
> = MDR 1990, 233.

Instruktiv für die Sowieso-Kosten bei unbrauchbarer Billigplanung in einer an sich vom Auftraggeber gewünschten Gestaltung ist die Entscheidung

> BGH, Urt. v. 18.1.1990 - VII ZR 171/88,
> BauR 1990, 360 = ZfBR 1990, 171
> = NJW-RR 1990, 728.

Schaden kann in solchen Fällen nicht sein, was zur Verwirklichung der teureren Ersatzplanung aufgewandt werden muß. Schaden sind vielmehr im Ergebnis nur die vertanen Kosten, also die Kosten der unbrauchbaren Planung, ihrer Ausführung und ihrer Beseitigung, soweit sie für die ordnungsgemäße Neuerrichtung nicht verwendet werden können. Dagegen sind die Neuplanungs- und Neuerrichtungskosten Sowieso-Kosten, weil sie bei ordnungsgemäßer Ursprungsplanung ohnehin angefallen wären.

3. Sonstiger Vorteilsausgleich

Vorteilsausgleich wegen durch Mängelbeseitigung verschobener Wartungskosten

Verhältnismäßig häufig ist in den nicht angenommenen Revisionen das Argument zu finden, durch - in der Regel verspätete - Nachbesserungsarbeiten verschiebe sich eine turnusmäßig anfallende Wartung. Dieses aber, so wird argumentiert, sei ein ausgleichspflichtiger Vorteil. Der VII. Zivilsenat hat die einschlägigen Revisionen nicht angenommen und damit im Ergebnis die gegen dieses Argument gerichteten Berufungsurteile bestätigt. Das Argument ist verwandt mit dem, durch verspätete Nachbesserung verlängere sich die Gesamtnutzungsdauer, das der Bundesgerichtshof ebenfalls nicht gelten läßt (s. hierzu die folgende Rz. 132). Eine eingehende Auseinandersetzung mit dem Problem der verschobenen Wartungskosten findet sich in einem zum Werkvertrag allgemein ergangenen Urteil,

131

BGH, Urt. v. 13.3.1990 - X ZR 12/89,
BauR 1990, 468 = ZfBR 1990, 100
= NJW-RR 1990, 826.

4. Vorteilsausgleich aufgrund verspäteter Nachbesserung

Das Argument, durch verspätete Nachbesserung werde die Nutzungsdauer verlängert, dieses sei ein ausgleichspflichtiger Vorteil, läßt der Bundesgerichtshof in ständiger Rechtsprechung nicht gelten. Der Vorteilsausgleich ist aus Treu und Glauben entwickelt, das angeführte Argument, das im Ergebnis eine Berufung auf die eigene Vertragsuntreue enthält, läßt der Bundesgerichtshof nicht gelten. Er "verrechnet"

132

gewissermaßen die durch die Mängel - typisiert nicht konkret - bedingten Nutzungseinschränkungen mit der verlängerten Nutzungsdauer bei verspäteter Nachbesserung;

BGH, Urt. v.17.5.1984 - VII ZR 169/82,
BGHZ 91, 206 = BauR 1984, 512
= ZfBR 1984, 222 = WM 1984, 1187
= DB 1984, 2553 = BB 1984, 2021
= NJW 1984, 2457 = MDR 1984, 833
= SFH § 13 Nr. 5 VOB/B (1973) Nr. 7.

H. Zahlungen

1. Allgemeines

133 Das BGB geht davon aus, daß der Werkunternehmer vorleistungspflichtig ist und erst bei Ablieferung des Werks bezahlt wird. Das ist das Grundmodell des Gesetzes, das vor allem bei der Bewertung von abweichenden AGB von erheblicher Bedeutung ist. Die VOB/B hat das modifiziert, sie kennt als Zahlungen an den Auftragnehmer die Abschlagszahlungen und die Schlußzahlung. Auch bei diesem Zahlungsmodus bleibt der Werkunternehmer, wenn auch gewissermaßen nur auf Raten, vorleistungspflichtig. Nach der Rechtsprechung des Bundesgerichtshofs gilt für größere Bauleistungen auch für den BGB-Werkvertrag die Verpflichtung zu Abschlagszahlungen, mit anderen Worten der Bauunternehmer hat auch beim BGB-Werkvertrag einen Anspruch auf sie aus Treu und Glauben.

2. Begriffe

134 Abschlagszahlungen sind auf erbrachte Teilleistungen, unter Umständen auch für an die Baustelle angeliefertes Material, geleistete Zwischenzahlungen. Abschlagszahlungen sind vor-

läufige Zahlungen, sie bewirken keine endgültige Teilerfüllung. Die Schlußzahlung ist die auf abschließende Berechnung (Schlußrechnung) endgültig geleistete Zahlung.

1. Abschnitt
Abschlagszahlungen

Anspruch auf Abschlagszahlungen

a) Voraussetzungen

Der Anspruch erfordert positiv die Erbringung von Teilleistungen auf den vertraglichen Erfolg, negativ, daß die Leistung noch nicht insgesamt erbracht ist. Die Teilleistung muß prüffähig "nachgewiesen" und berechnet werden (vgl. § 14 VOB/B), das heißt vor allem mit Aufmaß und ähnlichen Unterlagen. 135

b) Umfang

Der Anspruch besteht in Höhe des Werts der vertragsgemäß erbrachten Leistung, wobei für die Wertbemessung die vertraglichen Entgeltvereinbarungen maßgeblich sind. Zu zahlen ist auch die anteilige Umsatzsteuer. Minderwert oder Mindermengen berechtigen selbstverständlich zu Abzügen. 136

c) Fälligkeit (§ 16 Nr. 1 Abs. 3 VOB/B)

Abschlagszahlungen werden ohne Abnahme der betreffenen Teilleistungen fällig binnen 18 Werktagen nach Zugang der ordnungsgemäßen Berechnung. 137

d) Gegenansprüche

138 Gegenansprüche berechtigen zum Einbehalten (§ 16 Nr. 1 Abs. 2 VOB/B). Es geht bei diesen nicht um die Abzüge, die wegen nicht vertragsgemäßer Erbringung der berechneten Leistung möglich sind, vielmehr um sonstige Gegenansprüche, etwa wegen Vertragsstrafen oder wegen früherer Abschlagsrechnungen, die wegen Mängeln oder wegen unrichtiger Berechnung zu Unrecht voll beglichen worden sind.

e) Sicherheitsabzüge in AGB

139 Da Abschlagszahlungen ohnehin nur für vertragsgemäß erbrachte Leistungen verlangt werden dürfen, sind formularmäßige weitere Abzüge jedenfalls ein Eingriff in den "Kernbereich" der VOB/B, was freilich noch nicht besagt, daß sie nach § 9 AGBG unwirksam sind:

BGH, Urt. v. 23.11.1989 - VII ZR 228/88,
BauR 1990, 207 = ZfBR 1990, 70.

f) Vorauszahlungsklauseln (AGB)

140 Bei Vorauszahlungsvereinbarungen in AGB ist der Bundesgerichtshof äußerst ablehnend. Im praktischen Ergebnis können Vorauszahlungen formularmäßig nicht mehr wirksam vereinbart werden. Vorauszahlungen werden häufig auch versteckt vereinbart, es kommt selbstverständlich für die Unwirksamkeit nicht auf die Bezeichnung, sondern auf die Wirkung an.

Vorauszahlungsklauseln finden oder fanden sich vor allem bei Lieferanten von Fertighäusern, Fertigteilen und Bauelementen wie Fenstern, Türen usw. Die Rechtsprechung setzt für die Beurteilung solcher Klauseln dabei an, daß dem Besteller einer Werkleistung nicht die Möglichkeit genommen werden darf, die Leistung vor der Bezahlung zu prüfen und gegebenenfalls Zurückbehaltungsrechte geltend zu machen. Instruktiv ist vor allem die Grundsatzentscheidung

> BGH, Urt. v. 6.12.1984 - VII ZR 227/83,
> BauR 1985, 192 = ZfBR 1985, 134
> = WM 1985, 199 = NJW 1985, 855
> = BB 1985, 483.

Zur Unwirksamkeit von Vorleistungsverpflichtungen in AGB vgl. ferner:

> BGH, Urt. v. 21.4.1986 - VII ZR 126/85,
> ZfBR 1986, 165
> (widerruflicher Abbuchungsauftrag für
> Abschläge wirksam, Abschläge ohne prüf-
> bare Berechnung unwirksam).

Die Vorauszahlungsregelung der VOB/B (§ 16 Nr. 2) ist AGB-rechtlich unbedenklich. Sie sieht genau genommen nur die abstrakte Möglichkeit vor, bei Vertragsschluß oder im Laufe der Vertragsabwicklung durch Einzelvereinbarung gegen Sicherheitsleistung Vorauszahlungen ad hoc zu vereinbaren.

2. Abschnitt
Schlußrechnung/Schlußzahlung

1. Allgemeines

Die Schlußrechnung setzt ein im bürgerlichen Recht sonst nicht bekanntes vertragliches Abrechnungsverfahren in Gang mit dem Ziel, die Abrechnung des Vorhabens unter Präklusion von Nachforderungen endgültig zu erledigen.

141

Der Bundesgerichtshof hat die frühere Regelung des Schlußzahlungsverfahrens nur akzeptiert, wenn den Vertragsbeziehungen die VOB/B "als Ganzes" zugrunde lag, sonst hat er sie wegen Verstosses gegen § 9 AGBG für unwirksam erachtet; vgl. etwa

BGH, Urt. v. 20.12.1990 - VII ZR 248/89,
BauR 1991, 210 = ZfBR 1991, 101
= WM 1991, 817 = NJW-RR 1991, 534.

Zu der nicht unerheblich abgemilderten Neufassung der Vorschrift (1990) liegt noch keine Rechtsprechung des Bundesgerichtshofs vor.

2. Begriffe

142 Die Schlußrechnung ist die abschließende Berechnung der Werkleistung. Schlußzahlung ist die Zahlung auf eine Schlußrechnung, Teilschlußrechnungen und Teilschlußzahlungen sind möglich, soweit Teilabnahmen vertraglich vorgesehen oder zulässig und tatsächlich erfolgt sind, sonst nicht. Bei fehlenden Voraussetzungen können Teilschlußrechnungen in Abschlagsrechnungen umgedeutet werden.

3. Prüfbarkeit

143 Nach § 14 Nr. 1 VOB/B ist die Leistung prüfbar abzurechnen. Dazu, was das besagt, enthält die VOB/B einige Angaben, aber keineswegs eine vollständige Handlungsanweisung. Danach soll die Rechnung übersichtlich und den Vertragsunterlagen entsprechend sowie unter Beifügung von Mengenberechnungen, Zeichnungen und Belegen erstellt werden. Daneben gibt es Abrechnungs- (= Aufmaß)bestimmungen in den technischen Vertragsbedingungen und auch allgemeine technische Standards für die Prüfbarkeit einer Abrechnung.

Welche Anforderungen im Einzelfall an die Prüfbarkeit zu stellen sind, kann von Fall zu Fall sehr unterschiedlich sein und ist gegebenenfalls durch Vertragsauslegung zu ermitteln (§§ 133, 157 BGB). Das bedeutet im Ergebnis, daß im Einzelfall die Nichteinhaltung irgendwelcher technischer Standards die Prüfbarkeit nicht hindern muß. Wichtig ist ferner, daß nach der Rechtsprechung des Bundesgerichtshofs die erfolgte Prüfung die Prüfbarkeit indiziert und den Einwand der fehlenden Prüfbarkeit präkludiert. Man kann sich also im Prozeß nicht auf die fehlende Prüfbarkeit zurückziehen, wenn man vorher tatsächlich geprüft hat.

Ein häufiger Irrtum ist es, die Prüfbarkeit einer Rechnung mit ihrer sachlichen Richtigkeit zu verwechseln. Das sind völlig unterschiedliche Kategorien. Auch eine bis zur Absurdität inhaltlich falsche Rechnungsstellung kann ohne weiteres "prüfbar" sein.

Prüfbarkeit ist eine Voraussetzung der Fälligkeit der berechneten Forderung;

BGH, Urt. v, 10.5.1990 - VII ZR 257/89,
BauR 1990, 605 = ZfBR 1990, 226
= WM 1990, 1717 = DB 1 990, 2112
= BB 1990, 2072 = NJW-RR 1990, 1170
= MDR 1990, 40;

BGH, Urt. v. 22.4.1982 - VII ZR 191/81,
BGHZ 83, 382 = BauR 1982, 377
= ZfBR 1982, 154 = WM 1982, 827
= BB 1982, 1944 = DB 1982, 1927
= NJW 1982, 1815.

Das heißt aber nicht, daß nur prüfbare Rechnungen zahlbar sind. Vielmehr hat es der Auftraggeber in der Hand, auch auf eine nicht prüfbare Rechnung Schlußzahlung zu leisten oder mit gleicher Wirkung die Zahlung zu verweigern.

4. Schlußzahlung

144 Schlußzahlung ist die Zahlung auf die Schlußrechnung. Als Schlußzahlung wird auch, das ist der praktisch wichtigere Fall, die ganze oder teilweise Verweigerung der Zahlung behandelt. Die Schlußzahlung bzw. die Nichtzahlung haben, wenn auf diese Wirkung ausdrücklich hingewiesen wird, eine Präklusionswirkung für Nachforderungen, wenn der Auftragnehmer sie nicht innerhalb von 24 Werktagen sich vorbehält und sie innerhalb weiterer 24 Werktage prüfbar nachberechnet. Einer Nachberechnung bedarf es allerdings nicht, soweit der Auftragnehmer lediglich auf seiner bereits prüfbar erstellten Rechnung beharrt.

Soweit die VOB/B als Ganzes vereinbart ist, ist gegen diese Regelung wie auch gegen die Vorgängerregelung AGB-rechtlich nichts einzuwenden. AGB-rechtlich unbedenklich ist natürlich auch, wenn der durch sie benachteiligte Auftragnehmer die Schlußzahlungsregelung als seine AGB "stellt".

Dazu, ob die modifizierte Neuregelung der Schlußzahlungswirkung bei "isolierter" Vereinbarung in AGB des Auftraggebers gegen das AGBG verstößt, liegt Rechtsprechung des Bundesgerichtshofs noch nicht vor.

5. Rückforderung von Überzahlungen

145 Überzahlungen können natürlich aus Versehen geleistet werden. Das ist aber bei seriösen Vertragspartnern von den Folgen her nicht problematisch. Sonst ergeben sie sich vor allem daraus, daß bei Abzahlungen oder bei der Schlußrechnung Leistungen berechnet und bezahlt werden, deren vertragliche Berechtigung zweifelhaft ist. Das heißt, der Unternehmer berechnet mehr, als er nach den Vorstellungen des Auftraggebers hätte berechnen dürfen. Meistens geht es in

solchen Fällen um Leistungen, die der Auftraggeber als in
anderen Positionen des Leistungsverzeichnisses inbegriffen,
also nicht selbständig berechenbar, beurteilt, um Aufmaß-
Differenzen und um Nachträge, deren Berechtigung nach Grund
und Höhe zweifelhaft ist.

Der vertragsrechtliche Hintergrund von Streitigkeiten über
Überzahlungen ist danach in der Regel ein Streit über die
Auslegung des Vertrags, unter Umständen auch in der Form
des Streits über die Auslegung nachvertraglichen Verhaltens.

Anspruchsgrundlage für Rückforderungen ist § 812 BGB. Daraus ergibt sich für die Beweislast, daß der Auftraggeber
die tatsächlichen Grundlagen zu beweisen hat. Keine Frage
des Beweises und der Beweislast ist freilich die in solchen
Fällen häufig weit wichtigere Auslegung des Vertrags. Weder
nach VOB/B noch nach BGB präjudiziert die Tatsache der Zahlung als solche ihre Berechtigung. Insbesondere schließt
die Schlußzahlungsregelung des § 16 Nr. 2 VOB/B nur Nachforderungen, nicht aber Rückforderungen aus.

Die Zahlung schafft auch nicht ohne weiteres einen Vertrauenstatbestand. Vor allem für die Rechnungsprüfung der öffentlichen Hand ist entschieden, daß der Auftragnehmer mit
ihr rechnen muß;

BGH, Urt. v. 22.11.1979 - VII ZR 31/79,
BauR 1980, 180 = ZfBR 1980, 22
= WM 1980, 535 = NJW 1980, 880
= SFH § 242 BGB Nr. 12.

Das ist aber bei privaten Auftraggebern nicht grundsätzlich
anders, auch bei ihnen kann es zu erwarten sein, daß die
Berechtigung von Zahlungen erst durch die Revision infrage
gestellt wird.

Instruktiv zu Rückforderungsproblemen ist eine neuere Entscheidung des Bundesgerichtshofs,

BGH, Urt. v. 31.1.1992 - VII ZR 237/90,
BauR 1992, 371 = ZfBR 1992, 161
= WM 1992, 1076 = NJW-RR 1992, 727.

Sie befaßt sich mit der Prärogative der Auslegung in solchen Fällen sowie mit der Problematik, was mit dem gemeinsamen Aufmaß anerkannt sein kann und was nicht. Wegen der möglichen Anerkennungswirkung eines gemeinsamen Aufmaßes als solchem vgl. oben bei Aufmaß. Bedeutsam ist aber darüber hinaus, daß das Aufmaß nicht geeignet ist, vertragliche Rechte und Pflichten zu präjudizieren, mit anderen Worten, daß bestimmte Mengen - sei es auch einverständlich - aufgemessen sind, besagt nichts darüber, ob und wie sie nach dem Vertrag berechnet werden dürfen.

I. Verjährung

Allgemeines

146 Verjährungsfragen gehören zu den Standards des Bauprozesses. Es sollen hier drei Problemkreise behandelt werden: die gesetzliche Verjährung als Grundmuster, die VOB-Verjährung und die Fragen, die im Zusammenhang mit der sogenannten Symptomtheorie angesprochen werden.

1. Abschnitt
BGB-Verjährung

147 Das BGB kennt vier Verjährungsfristen für den Werkvertrag, und zwar

- 30 Jahre bei "Arglist",

- 5 Jahre für Arbeiten "bei Bauwerken",

- 1 Jahr für Arbeiten an Grundstücken und

- 6 Monate im übrigen.

Interessant sind in erster Linie die fünf Jahre. In dieser Frist verjähren Arbeiten für die Errichtung oder grundlegende Renovierung (entsprechend etwa dem steuerrechtlichen "Herstellungsaufwand") von Bauwerken einschließlich der Tiefbauwerke, und zwar nicht nur die eigentlichen Bauarbeiten sondern auch sämtliche zugehörigen Planungs- und Überwachungsarbeiten.

Was im übrigen am Bauwerk geschieht, also der ganze Bereich des steuerlichen Unterhaltungsaufwands, auch hier mit sämtlichen zugehörigen Hilfsleistungen, ist Arbeit an Grundstücken.

Sonstige Arbeiten, bei denen Grundstücke verändert werden, etwa Gartenanlagen ohne Tiefbauarbeiten, sind ebenfalls Arbeiten an Grundstücken.

Ob eine Werkleistung "bei Bauwerken", "an Grundstücken" oder nur so erbracht worden ist, entscheidet in erheblichem Umfang über die Risikoverteilung zwischen Besteller und Unternehmer. Bedeutsam ist dabei im Baubereich vor allem, welche Arbeiten am Grundstück (Verjährung 1 Jahr) und welche "bei Bauwerken" (Verjährung 5 Jahre) erbracht werden. Diese Unterscheidung, wie überhaupt § 638 BGB, ist für die Praxis vor allem deshalb zunehmend relevant geworden, weil mit Allgemeinen Geschäftsbedingungen vom gesetzlichen Standard kaum mehr abgewichen werden kann, selbst mit dem VOB-Vertrag nur, wenn die VOB/B "als Ganzes" vereinbart wird.

Zu unterscheiden sind dabei zwei Fragen, die beide in letzter Zeit die Rechtsprechung beschäftigt haben. Die eine ist, was überhaupt ein "Bauwerk" ausmacht, ob etwa ein Fertigteil-Schwimmbad, eine Hofpflasterung oder ein als "Container" gehandelter Fertigbau Bauwerke sind. Die andere Frage ist, welche Arbeiten an dem "Bauwerk" diesem zuzurechnen sind und welche nur dem Grundstück. Das sind etwa die Fragen, ob ein Teppichboden, eine Einbauküche oder die in einem Drittbetrieb erfolgte Bearbeitung eines Bauteils ("Filterbeschichtung") als "Arbeiten bei Bauwerken" zu werten sind.

1. <u>Was ist ein Bauwerk?</u>

148 Die auf das Reichsgericht zurückgehende ältere Rechtsprechung versucht die Definition des Bauwerks i.S.v. § 638 BGB trotz der unterschiedlichen Terminologie der Bestimmungen an den Gebäudebegriff des § 94 BGB anzulehnen. Davon hat sich die Rechtsprechung des Bundesgerichtshofs zunehmend gelöst. Für die aktuelle Rechtsprechung läßt sich aus dem sachenrechtlichen Gebäudebegriff allenfalls die Erkenntnis gewinnen, daß Gebäude im Sinne des Sachenrechts stets auch "Bauwerke" i.S.d. § 638 BGB sind.

Das führt aber nicht sonderlich weiter. Denn nur die umgekehrte Frage, wann nämlich zwar kein Gebäude, wohl aber ein "Bauwerk" vorliegt, ist juristisch und praktisch ernstlich interessant. Dazu gehören aus neuerer Zeit die Entscheidungen "Heizöltank" (= kein Bauwerk) einerseits, "Blumenladencontainer", "Autohaushof", "Fertigteil-Schwi@ad mit Magerbetonkranz" andererseits (Rz. 150 - 152).

2. Einzelfälle zum Bauwerk

a) Heizöltank: Ein Heizöltank, der lediglich in das 149
Erdreich eingebettet und an die vorhandene Ölzufuhrleitung
angeschlossen ist, stellt kein Bauwerk dar. Der Bundesgerichtshof ordnet diesen Vertrag vielmehr als den Kauf ("Umsatzgeschäft") einer beweglichen Sache mit werkvertraglichen Nebenleistungen ein. Das tragende Argument ist, daß
dem Tank eine hinreichend feste Verbindung zum Grundstück
fehlt;

BGH, Urt. v. 12.3.1986 - VIII ZR 332/84,
BauR 1986, 437 = NJW 1986, 1927
= SFH S 638 BGB Nr. 33;
kritisch hierzu:
Motzke, NJW 1987, 363.

Es handelt sich um eine Entscheidung des VIII. Zivilsenats.
Ob der für Bausachen zuständige VII. Zivilsenat das ebenso
gewertet hätte, erscheint angesichts der Tendenz der Rechtsprechung, die sich aus den im folgenden nachgewiesenen
Entscheidungen ergibt, nicht unzweifelhaft. Im Fall "Einbauküche" hat der VII. Zivilsenat das in der Revision angeführte Argument "Umsatzgeschäft" nicht als tragfähig angesehen.

b) Fertigteil-Schwimmbad: Es ging dabei um ein in den 150
Boden eingelassenes Schwimmbad aus genormten Stahlbeton-Fertigteilen, das mit einem Magerbetonkranz versehen war.
Die Fertigteile waren "an sich" ohne besonderen Aufwand
wieder abbaubar. Die Entscheidung argumentiert im Ansatz
noch sachenrechtlich und versucht, durch eine Bewertung der
"Gesamtanlage" diesen sachenrechtlichen Ansatz zu rechtfertigen. Über diesen sachenrechtlichen Ansatz hinaus führen
aber schon die zitierten Beispiele aus der Rechtsprechung
des VII. Zivilsenats (Rohrbrunnen, Flutlichtmast, Gleisanlage) und was sonst beispielhaft angeführt wird (abbaubarer

Stahlturm, Förderanlage). Das Urteil nennt denn auch als entscheidendes Kriterium die Absicht, die Anlage für die Dauer ihrer Nutzbarkeit an Ort und Stelle zu belassen.

>BGH, Urt. v. 4.11.1982 - VII ZR 65/82,
>BauR 1983, 64 = ZfBR 1983,82
>= WM 1983, 127 = DB 1983, 607
>= NJW 1983, 567 = MDR 1983, 391
>= SFH § 638 BGB Nr. 25.

151 c) <u>Autohaushof</u>: Daß Straßen- und Brückenbauwerke sowie auch Bahngeleise "Bauwerke" i.S.v. § 638 BGB sind, ist seit jeher herrschende Meinung. Herrschende Meinung ist ferner, daß Gartenwege, auch wenn sie mit Platten belegt sind, zwar "am Grundstück" aber nicht "bei Bauwerken" ausgeführt werden. Sozusagen im Zwischenbereich liegen Pflasterungen mit mehr oder weniger solidem Unterbau. Die Frage wird von den Oberlandesgerichten kontrovers beurteilt.

Der VII. Zivilsenat hat inzwischen gegen die Vorentscheidung des Oberlandesgerichts Stuttgart entschieden, daß die mit Kraftfahrzeugen befahrbare Hofpflasterung eines Autohauses ein Bauwerk i.S.v. § 638 Abs. 1 BGB ist. Diese Entscheidung liegt ganz auf der Linie der Entwicklung der Rechtsprechung. Diese tendiert im Grenzbereich deutlich dahin, anzunehmen, daß Arbeiten "bei Bauwerken" ausgeführt werden;

>BGH, Urt. v. 12.3.1992 - VII ZR 334/90,
>nicht veröffentlicht;

>die angegriffene Entscheidung des
>OLG Stuttgart v. 8.11.1990 13 U 40/90,
>ist in BauR 1991, 462 veröffentlicht;

>vgl. zu dieser Frage auch die vom
>OLG Schleswig vertretene Gegenmeinung
>BauR 1991, 463.

d) Blumenladencontainer: Es ist dies die vorläufig 152
letzte Entscheidung zu dieser Frage. Der Bundesgerichtshof
hat sich hier endgültig von sachenrechtlichen Ansätzen gelöst und bezieht sich im Ergebnis auf den objektivierten
Vertragszweck des konkreten Werkvertrags. Der Fallgestaltung lag die Lieferung eines aus zwei nach Katalog bestell-
baren, "Containern" zugrunde. Diese waren, zum Zwecke des
ortsfesten Betriebs eines Blumenladens in Berlin, mit
Schaufenster und mit Verbindungen zueinander versehen und
zusammengefügt aufgestellt worden. Die Grundstücksverbin-
dung war nicht sonderlich intensiv gestaltet, die Anlage
ruhte ohne weitere Verbindungen (jedenfalls war streitig,
ob sie bestanden) auf im Boden verankerten Fundamentklötzen
aus Beton. Die Entscheidung schließt eine Entwicklung ab,
die seit der Entscheidung "Schwimmbad aus Fertigteilen" mit
Magerbetonkranz (Rz. 150) abzusehen war. Sehr deutlich waren die Hinweise auch in der Entscheidung "Alarmanlage"
(Rz. 157). Dort war bereits ausgeführt worden, daß die sa-
chenrechtliche Zuordnung "nicht unbesehen herangezogen"
werden könne. Freilich ist weiterhin eine feste Verbindung
zum Grundstück erforderlich, doch ist auch diese nicht nach
sachenrechtlichen Kriterien, sondern nach dem Zweck der
werkvertraglichen Risikoverteilung zu beurteilen. Mit anderen Worten, ist Gegenstand des Werkvertrags eine Lieferung,
die dem speziellen Bauwerkrisiko zuzuordnen ist, so gilt
auch die Verjährungsfrist des § 638 Abs. 1 BGB für Arbeiten
bei Bauwerken;

BGH, Urt. v. 30.1.1992-VII ZR 86/90,
BauR 1992, 369 = ZfBR 1992,169
= WM 1992, 663 = BB 1992, 883
= NJW 1992, 1445,
- für BGHZ vorgesehen;

vgl. auch
BGH, Urt. v. 20.6.1991 - VII ZR 305/90,
BauR 1991, 741 = ZfBR 1991, 259
- Alarmanlage - unter II.3.b m.w.N.;

BGH, Urt. v. 4.11.1982 - VII ZR 65/82,
BauR 1983, 64 = ZfBR 1983, 82
= NJW 1983, 567,
Schäfer/Finnern/Hochstein, § 638 BGB Nr. 25
- Fertigteilschwimmbad.

3. Welche Arbeiten sind "bei Baumerken" erbracht?

a) Unterscheidungen: Welche Arbeiten "am" Bauwerk betreffen nur das Grundstück?

153 Nicht alles was an einem "Bauwerk" (im Sinne der Ausführungen zu 1 und 2) gemacht wird, ist Arbeit "bei" einem Bauwerk i.S.d. § 638 BGB mit der Folge der fünfjährigen Verjährung. Es gibt vielmehr auch Arbeiten am Bauwerk, die lediglich als Arbeit "am Grundstück" zu werten sind. Zum letzteren gehören vor allem weite Bereiche des Unterhaltungsaufwands, soweit er beim laufenden Gebäudeunterhalt anfällt. Eine zusammenfassende Übersicht über die bis dahin angefallene, umfangreiche Rechtsprechung enthält das Urteil "Legebatterien". Im Grundsatz gilt danach, daß zu den Arbeiten bei Bauwerken alle Arbeiten zur Herstellung eines neuen Gebäudes sowie die Arbeiten gehören, die für die Erneuerung oder den Bestand des Gebäudes von wesentlicher Bedeutung sind.

BGH, Urt. v. 16.6.1977 - VII ZR 334/74,
BauR 1977, 417 = WM 1977, 1051
= DB 1977, 1943 = BB 1977, 1224
= NJW 1977, 2361 = MDR 1978, 44
= SFH Nr. 1 zu § 638.

Auf die konkrete Erkennbarkeit von Mängeln bei den jeweiligen Arbeiten kommt es für die Abgrenzung nicht an,

a.A. v. Craushaar, NJW 1975, 993.

Vielmehr gilt auch für die Instandsetzungsarbeiten, bei denen die Abgrenzung zweifelhaft werden kann, folgendes: Sie müssen einmal bei Neuerrichtung eines Gebäudes zu den Arbeiten "bei Bauwerken" gehören. Zum andern müssen sie nach Umfang und Bedeutung solchen Neubauarbeiten vergleichbar sein (Urteil:"Nachtstrorspeicherheizung mit Anschluß");

BGH, Urt. v. 30.3.1978 - VII ZR 48/77,
= BauR 1978, 303   = WM 1978, 757
= BB 1978, 683 = DB 1978, 2261
= NJW 1978, 1522 = SFH Nr. 2 zu § 638 BGB.

b) Einzelheiten zu: Bauwerk/Grundstück

Arbeiten bei Bauwerken sind, soweit die durchgeführte Baumaßnahme so einzuordnen ist, nicht nur die körperlich am Bau durchgeführten Arbeiten sondern auch die dazu gehörenden geistigen Leistungen zur Bauerrichtung, wie die ingenieurtechnischen und sonstigen geistigen Leistungen der Architekten, Statiker, Vermessungsingenieure, Sonderfachleute, Bodensachverständigen usw.;

154

BGH, Urt. v. 26.10.1978 - VII ZR 249/77,
BGHZ 72, 257 = BauR 1979,76
= ZfBR 1979, 29 = WM 1979, 76
= BB 1979, 650 = DB 1979, 983
= NJW 1979, 214 = SFH § 638 BGB Nr. 5
m.w.N. für die genannten Berufe.

Das gilt, wenn die Sanierungsarbeiten ihrerseits Arbeiten "bei Bauwerken" sind, auch für die Haftung eines Bausachverständigen, der ein Sanierungsgutachten erstattet hat ("Flachdachsanierung"):

BGH, Urt. v. 12.3.1987 - VII ZR 80/86,
BauR 1987, 456 = ZfBR 1987, 189
= WM 1987, 824 = DB 1987, 1988
= BB 1987, 1351 = NJW-RR 1987, 853
= MDR 1987,833 = SFH § 638 BGB Nr. 37.

Auch gegenständlich-körperliche Leistungen müssen nicht am Bau selbst erbracht werden, um zu den Arbeiten "bei Bauwerken" zu zählen. Kennt der - sei es auch nur als Subunternehmer mit einer Teilleistung befaßte - Unternehmer den Verwendungszweck für einen bestimmten Bau, so ist etwa eine "Filterbeschichtung" für die Filteranlage eines gemeindlichen Schwimmbads, auch wenn sie fernab von der Baustelle in einem Betrieb ausgeführt wird, Arbeit bei dem Bauwerk Schwimmbad;

BGH, Urt. v. 26.4.1990 - VII ZR 345/88,
BauR 1990, 603 = ZfBR 1990, 222
= WM 1990, 1625 = BB 1990, 1374
= NJW-RR 1990, 1108 = SFH § 638 BGB Nr. 45.

Ähnliches hat der Bundesgerichtshof bereits früher für die Eloxierung von Türen und Fenstern aus Aluminium entschieden ("Eloxierungsarbeiten");

BGH, Urt. v. 12.10.1978 - VII ZR 220/77,
BGHZ 72, 206 = BauR 1979, 54
= ZfBR 1979, 28 = WM 1978, 1353
= BB 1978, 1640 = DB 1978, 2469
= NJW 1979, 158 = JZ 1979, 66
= SFH § 638 BGB Nr. 4.

Ähnlich liegt auch die Entscheidung "Fußbodenplatten" für Flughafengebäude in L.;

BGH, Urt. v. 27.3.1980 - VII ZR 44/79,
BauR 1980,355 = ZfBR 1980, 190
= WM 1980, 874 = BB 1980, 1240
= DB 1980, 1693 = NJW 1980, 2081
= SFH § 638 BGB Nr. 14.

In der Konsequenz dieser Rechtsprechung müßte es liegen, daß für Fenster und Türen und sonstiges Material, das für die Erstellung eines bestimmten Bauwerks hergestellt und geliefert wird, die Verjährung für Arbeiten "bei Bauwerken" gilt. Eine Verkürzung dieser Verjährungsfrist durch AGB wäre dann meines Erachtens nicht sonderlich erfolgversprechend.

Aus jüngster Zeit stammen die Entscheidungen "Einbauküche", "Teppichboden" und "Alarmanlage".

Einbauküche: Die Einbauküche bestand aus Normteilen und handelsüblichen Einbaugeräten. Sie war aber zum "Einbau", wie das so üblich ist, an die konkreten räumlichen Verhältnisse der Küche angepaßt worden. Der Einbau der Küche erfolgte im Zusammenhang mit dem Umbau eines Altbaus, der insgesamt unter die herstellungsähnlichen Arbeiten einzuordnen war (im Sinne der Rechtsprechung über die Abgrenzung von Herstellung/grundlegende Instandsetzung einerseits, sonstige Reparaturarbeiten andererseits). Der Preis der Einbauarbeiten war im Verhältnis zum gelieferten Material eher gering. Die tragenden Gründe der Entscheidung sind: Werkvertrag über eine nicht vertretbare Sache, weil die Teile nach Anpassung praktisch nicht mehr absetzbar sind. Feste Verbindung und Anpassung mit dem Gebäude in der Absicht, sie dort auf Dauer zu belassen, und unmittelbarer sachlicher Zusammenhang mit Umbauarbeiten, die als solche den Charakter von grundlegenden Renovierungsarbeiten haben; 155

BGH, Urt. v. 15.2.1990 - VII ZR 175/89,
BauR 1990, 351 = ZfBR 1990, 182
= WM 1990, 996 = BB 1990, 1093
= DB 1990, 127 = NJW-RR 1990, 787
= SFH § 638 BGB Nr. 44.

"Teppichboden": Danach ist das Einpassen und Aufkleben eines Teppichbodens einschließlich der Lieferung des notwendigen Materials (Teppich) Arbeit bei einem Bauwerk. Der Boden, das ist wichtig, war nicht im Zusammenhang mit der Gebäudeherstellung oder mit sonstigen grundlegenden Erneuerungsarbeiten geliefert worden; 156

BGH, Urt. v. 16.5.1991 - VII ZR 296/90,
BauR 1991, 603 = ZfBR 1991, 200
= WM 1991, 1394 = BB 1991, 1294
= DB 1991, 2335 = NJW 1991, 2134
= MDR 1991, 1003.

157 "Alarmanlage": Die in ein Privathaus eingebaute Alarmanlage ist jedenfalls Arbeit am Grundstück, auch wenn sie vom Mieter mit Wegnahmeberechtigung vorgenommn wird. Ob und wann es sich auch um eine Arbeit "bei Bauwerken" handeln kann, ist danach offen;

BGH, Urt. v. 20.6.1991 - VII ZR 305/90,
BauR 1991, 741.

Daß eine Alarmanlage, die für ein Kaufhaus bei dessen Errichtung eingebaut wird, zu den Arbeiten bei Bauwerken gehört, ist bereits vor Jahren entschieden worden.

Damit wird die Tendenz der Rechtsprechung einigermaßen deutlich, nämlich die Arbeiten bei Bauwerken in extensivem Maße anzunehmen.

4. Arglist

a) Übersicht

158 Bei Arglist sind die häufig von der Sache her zu kurzen Gewährleistungsfristen für Mängel praktisch nicht mehr von Bedeutung. Es gilt die dann die regelmäßige Verjährung von 30 Jahren. Freilich muß Arglist dem Unternehmer nachgewiesen werden. Nun ist zwar die Rechtsprechung der VII. Zivilsenats tendenziell weniger zurückhaltend bei der Bejahung von Arglist, als die der Oberlandesgerichte. Doch ist die Annahme, Arglist sei bewiesen oder - noch-nicht bewiesen in erster Linie eine Würdigung, die dem Tatrichter vorbehalten ist. Praktisch hat sich damit in den letzten Jahren gegen

die Tendenz des Bundesgerichtshofs die eher verhaltene Rechtsprechung der Oberlandesgerichte weitgehend durchgesetzt.

Für den Beweis der Arglist hinsichtlich der Mängel sind jedenfalls Indizien durchaus genügend. So hat etwa das Oberlandesgericht Düsseldorf mit Billigung des Bundesgerichtshofs eine Strategie, bei der Prüfungen immer auf das Stadium verlegt wurden, in dem die vorher offensichtlichen Mängel nicht mehr erkennbar waren, dahin gewürdigt, daß das Absicht - also Arglist - gewesen sein müsse;

BGH, Beschl. v. 16.5.1991 - VII ZR 273/90;
Vorentscheidung
OLG Düsseldorf, Urt. v. 18.9.1990
- 21 U 19/90,
beide nicht veröffentlicht.

Beweisschwierigkeiten für den Besteller ergeben sich vor allem daraus, daß arbeitsteilige Organisation und zunehmende Betriebsgrößen den Nachweis - und schon den substantiierten Vortrag - persönlich vorwerfbaren Verhaltens erschweren. Wenn man sich verdeutlicht, daß die Vorstellungen des BGB-Gesetzgebers vom Werkunternehmer sich am persönlich tätigen Handwerker und "seiner" Arglist orientieren, dann bleibt der heutige Anwendungsbereich der Arglistregelung des § 638 BGB weit hinter dem zurück, was sich der Gesetzgeber einmal als Fallgestaltungen vorgestellt hat. In diesem Kontext ist eine aktuelle Entscheidung des Bundesgerichtshofs zu sehen.

b. "Organisationsmängel" als Arglist

Nach der Rechtsprechung des Bundesgerichtshofs handelt i.S.v. § 638 BGB arglistig, wer bewußt einen für die Entschließung des Vertragsgegners wesentlichen und nach Treu und Glauben Offenbarungspflichtigen Umstand verschweigt.

159

Für die arbeitsteilig in mehr oder minder großen Organisationen arbeitende Bauwirtschaft ist dabei allein von Bedeutung, nach welchen Kriterien Pflichtverletzungen und Kenntnisse von Mitarbeitern dem Unternehmer zugerechnet werden. Hierfür gilt folgendes:

- Dem Unternehmer wird die "Arglist" der Mitarbeiter zugerechnet, deren er sich zur Erfüllung von vertraglichen Offenbarungspflichten bedient. Dazu gehört in erster Linie, wer mit der Ablieferung des Werkes an den Besteller betraut ist oder dabei mitwirkt.

- Die Kenntnis von Mitarbeitern, die lediglich mit der Herstellung des Werks betraut sind, muß sich dagegen der Unternehmer nur zurechnen lassen, wenn sie auch mit der Prüfung des Werks auf Mangelfreiheit betraut sind, oder wenn allein ihr Wissen und ihre Mitteilung den Unternehmer instand setzen kann, seine Offenbarungspflichten gegenüber dem Vertragspartner zu erfüllen.

  BGH, Urt. v. 20.12.1973 - VII ZR 184/72,
  BGHZ 62, 63 = BauR 1974, 130
  = WM 1974, 309 = BB 1974, 340
  = DB 1974, 673 = NJW 1974, 553
  = MDR 1974, 482;

  BGH, Urt. v. 15.1.1976 - VII ZR 96/74,
  BGHZ 66, 43 = BauR 1976, 131
  = WM 1976, 326 = BB 1976, 287
  = DB 1976, 427 = NJW 1976, 516
  = MDR 1976, 484

Schon aus der Entscheidung BGHZ 66, 43 ergibt sich aber, daß dem Unternehmer auch Organisationsmängel bei der Herstellung und Überwachung des Werks gegebenenfalls als Arglist zugerechnet werden können, und zwar, wenn er ein mangelhaftes Werk abliefert, obwohl er weiß, daß es an sämtli-

chen organisatorischen Voraussetzungen fehlt, mit denen die
Mangelfreiheit sachgerecht beurteilt werden könnte. Wie er
das organisiert, ist seine Sache.

In Fortentwicklung dieser Rechtsprechung hat der Bundesgerichtshof nunmehr entschieden, daß der Unternehmer für eine
pflichtgemäße und richtige Organisation der Überwachung und
Prüfung zu sorgen und für Mängel unter dem Gesichtspunkt
der Arglist einzustehen hat, wenn sie bei richtiger Organisation mit Sicherheit erkannt worden wären. Der Besteller
ist dann so zu stellen, als wäre der Mangel dem Unternehmer
bei Ablieferung bekannt gewesen;

BGH, Urt. v. 12.3.1992 - VII ZR 5/91,
ZIP 1992, 773 = BauR 1992, 412
= ZfBR 1992, 168 = BB 1992, 1088
= DB 1992, 1338 = NJW 1992, 1754;
vgl. auch Kniffka, EWiR 1992, 661.

Von erheblicher praktischer Bedeutung ist auch, was insoweit im Prozeß vorgetragen werden muß. Der Bundesgerichtshof hält insoweit den nicht weiter konkretisierten Vortrag
eines relevanten Organisationsmangels jedenfalls dann für
ausreichend, wenn die Art des Mangels indiziell für ein Organisationsverschulden ist, sei es, daß ein besonders wichtiges Gewerk gravierend betroffen ist, sei es daß der Mangel in einem bestimmten Abschnitt des Baugeschehens besonders auffällig war;

BGH, Urt. v. 12.3.1992 - VII ZR 5/91,
ZIP 1992, 773 = BauR 1992, 412
= ZfBR 1992, 168 = BB 1992, 1088
= DB 1992, 1338 = NJW 1992, 1754;
vgl. auch Kniffka, EWiR 1992, 661.

2. Abschnitt
VOB-Verjährung

Zu unterscheiden sind zwei Fragen, nämlich der Inhalt der VOB-Verjährung und die Wirksamkeit einer Vereinbarung der VOB-Verjährung.

1. Wirksamkeit

160 Da das AGB-Gesetz im allgemeinen Verkürzungen der verjährung in AGB nicht zuläßt, andererseits die möglicherweise verkürzte VOB-Verjährung privilegiert, wenn die VOB "Vertragsgrundlage" ist, stellt sich hier vor allem die Frage, ob die VOB/B "als Ganzes" vereinbart ist. Insoweit kann auf die Ausführungen zu diesem Problemkreis Bezug genommn werden (Rz. 50 - 54).

2. Inhalt

161 Dazu wird im allgeminen ausgeführt, die Regelverjährung der VOB/B betrage zwei Jahre. Das wird in dieser Form vom Bundesgerichtshof nicht akzeptiert. Der Bundesgerichtshof behandelt als Regelverjährung der VOB/B die ad hoc vereinbarte Verjährung, die Zweijahresfrist nur als Subsidiär- oder Auffangregelung. § 13 VOB/B verweist also primär auf die Vereinbarungen, und enthält eine materielle Regelung für die Gewährleistung nur für den Fall, daß eine anderweitige Vereinbarung fehlt. Das ist nicht etwa nur eine Ausprägung des Grundsatzes Individualvereinbarung vor AGB, § 4 AGBG, es begründet vielmehr auch den Vorrang sämtlicher anderslautender AGB. Das ergibt sich besonders deutlich aus der Entscheidung

BGH, Urt. v. 21.3.1991 - VII ZR 110/91,
BauR 1991, 458 = ZfBR 1991, 200
= WM 1991, 1566 = BB 1991, 1453
= NJW-RR 1991, 980.

Nicht als Regel, wohl aber als Auffangregelung bei Fehlen der in erster Linie vorgesehenen leistungsbezogenen Vereinbarung, enthält die VOB/B in § 13 Nr. 4 für die Gewährleistung bei Bauwerken und für Holzerkrankungen eine Frist von zwei Jahren, für die vom Feuer berührten Teile von Feuerungsanlagen von einem Jahr. Eine Besonderheit der VOB/B ist die Möglichkeit, wegen eines Mangels durch einfache schriftliche Aufforderung eine "Quasiunterbrechung" der Verjährung herbeizuführen, d.h. eine neue Verjährungsfrist in Gang zu setzen. Das geht aber nur einmal. zur erforderlichen Bestimmtheit des Beseitigungsverlangens vgl. im folgenden bei "Symptomtheorie".

3. Abschnitt
Symptomtheorie

Die Symptomrechtsprechung des VII. Zivilsenats ist weitgehend abgeschlossen. Sie besagt, daß mit einer hinreichend genauen Bezeichnung der "Mangelerscheinungen" (der "Symptome" des Mangels) der Mangel selbst bezeichnet und damit Gegenstand des betreffenden vertraglichen Verfahrens bzw. der jeweiligen Vertragserklärungen oder des jeweiligen vertraglichen Verhaltens ist. Den Mangel selbst, also die wirklichen Ursachen der Symptome braucht der Auftraggeber hingegen nicht zu bezeichnen. Es ist auch unschädlich, wenn er zusätzlich solche Ursachen bezeichnet. Damit werden Rechtswirkungen oder das weitere Vorgehen nicht auf die bezeichneten oder angenommenen Ursachen beschränkt, vielmehr sind auch dann immer alle Ursachen für die bezeichneten Symptome erfaßt. Eine zusammnfassende Darstellung dieser

162

Rechtsprechung mit Wiedergabe aller bis dahin entschiedenen Fallgestaltungen und Fundstellen findet sich in der Entscheidung

> BGH, Urt. v. 18.1.1990 - VII ZR 260/88,
> BGHZ 110, 99 = ZIP 1990, 457
> = BauR 1990, 356 = ZfBR 1990, 172
> = WM 1990, 1091 = BB 1990, 736
> = DB 1990, 1033 = NJW 1990, 1472
> = JR 1990, 463;
> vgl. auch Lenzen, EWiR 1990, 443.

Die konkrete Entscheidung betraf das Anerkenntnis bezüglich bestimmter Mangelerscheinungen. Es unterbricht die Verjährung für sämtliche Ursachen dieser Erscheinungen.

> BGH, Urt. v. 18.1.1990 - VII ZR 260/88,
> BGHZ 110, 99 = ZIP 1990, 457
> = BauR 1990, 356 = ZfBR 1990, 172
> = WM 1990, 1091 = BB 1990, 736
> = DB 1990, 1033 = NJW 1990, 1472
> = JR 1990, 463;
> vgl. auch Lenzen, EWiR 1990, 443.

Eine weitere Fragestellung lag diesem Fall zugrunde, nämlich die Frage, ob die Symptomtheorie auch für Nachbesserungen im Rahmen einer Zug um Zug zugesprochenen Werklohnforderung gilt. Die Frage war, ob die in der Nachbesserung liegende Beseitigung des Mangels gemäß § 638 BGB auf den Wert der zurückbehaltenen Werklohnforderung beschränkt ist oder in voller Höhe auf die weit teureren Mangelursachen durchgreift. Das Letztere hat der Bundesgerichtshof bejaht;

> BGH, Urt. v. 18.1.1990 - VII ZR 260/88,
> BGHZ 110, 99 = ZIP 1990, 457
> = BauR 1990, 356 = ZfBR 1990, 172
> = WM 1990, 1091 = BB 1990, 736
> = DB 1990, 1033 = NJW 1990, 1472
> = JR 1990, 463;
> vgl. auch Lenzen, EWiR 1990, 443.

Teil III
Bauprozeß

1. Baubegleitende Rechtsberatung zur Verhütung und zur Vorbereitung von Bauprozessen

Es ist keineswegs risikolos, Vertragsschluß und Vertragsabwicklung von Bauverträgen, wie das häufig geschieht, technischen Angestellten oder Architekten zu überlassen. Juristische Fehler, die in diesen Phasen gemacht werden, lassen sich häufig im Prozeß nicht mehr reparieren.

163

Auch sind juristisch sorgfältig durchdachte Verträge und korrekte Vertragserklärungen bei der Vertragsabwicklung geeignet, Prozesse von vorneherein zu verhüten.

Es empfiehlt sich daher bei größeren Bauvorhaben die ständige juristische Begleitung aller Schritte, bevor sie gemacht werden. Dabei geht es nicht nur um die Absicherung durch korrekte juristische Formulierungen und juristische Überprüfung des Vorgehens, erforderlich ist auch eine sachgerechte, den Anforderungen des Zivilprozesses entsprechende Dokumentation und eine forensisch verwertbare Sicherung der Beweise. Schließlich müssen auch die Risiken eines Prozesses schon im Vorfeld mit forensischer Erfahrung eingeschätzt und gegebenenfalls bei den Verhandlungen zur Vertragsabwicklung durch rechtzeitige und hinreichende Bereitschaft zum Nachgeben eingebracht werden.

2. Schiedsgutachten und Schiedsgerichtsvereinbarungen

a) Schiedsgutachten

164 In den Lieferbedingungen eines Fertighausunternehmers zur Lieferung an Private sind obligatorische Schiedsgutachtenklauseln nach dem AGBG unwirksam;

BGH, Urt. v. 10.10.1991 - VII ZR 2/91,
BGHZ 1 15, 329 = BauR 1992, 223
= ZfBR 1992, 61 = WM 1992, 198
= BB 19992, 90 = DB 1992, 733
= NJW 1992, 433.

Die Urteilsgründe der BGH-Entscheidung decken im wesentlichen auch solche Klauseln für andere Bauleistungen an Private ab, dagegen nicht ohne weiteres die Lieferung von Bauleistungen an Bauunternehmen und an sonstige gewerbliche Unternehmen.

Die Risiken von Schiedsgutachterklauseln in Bauverträgen sind in der o.a. Entscheidung beschrieben. Aus ihr ergibt sich u.a., daß und warum solche Klauseln tendenziell den Lieferanten der Bauleistung begünstigen. Ein gewerblicher Abnehmer von Bauleistungen wird sich deshalb zu überlegen haben, ob er sich auf sie einläßt.

b) Schiedsgerichtsvereinbarungen

165 Schiedsgerichtsvereinbarungen sind für größere Bauvorhaben im gewerblichen Bereich auch außerhalb der internationalen Lieferungen keineswegs selten. Ihre Zweckmäßigkeit bedarf für beide Seiten einer differenzierten, auf den konkreten Vertrag bezogenen Beurteilung. Den Vorteilen wie Parteinähe, Problemnähe, Schnelligkeit, Vertraulichkeit des Verfahrens, Auswahlmöglichkeit hinsichtlich der Richter stehen

als Nachteile u.a. in der Regel die fehlende Korrigierbarkeit von Fehlern bei der Auswahl von Schiedsrichtern, das Fehlen von Rechtsmitteln auch gegen deutliche Fehlentscheidungen und höhere Kosten gegenüber.

3. Selbständiges Beweisverfahren

(früher Beweissicherungsverfahren)

Das neu geregelte Beweisverfahren ist in weitem Umfang geeignet, Ergebnisse von Bauprozessen zu präjudizieren. Höchstrichterliche Rechtsprechung zur Neuregelung liegt noch nicht vor.

166

4. Besonderheiten des Bauprozesses

Literaturempfehlungen:

Antragsformulare, Darstellungen zu Substantiierungsanforderungen u.ä. finden sich bei: <u>Kleine-Möller/Merl/Oelmeier</u>, Handbuch des privaten Baurechts,

Checklisten, knappe materiellrechtliche Darstellungen, Klage- und Schriftsatzmuster für den Bauprozeß lassen sich nachschlagen in: <u>Kainz u.a.</u>, "Erfolg in Baustreitigkeiten" 3 Bd. Loseblatt,

<u>Werner/Pastor</u>, Der Bauprozeß, 7. Aufl., 1992, ist hingegen eine nach bauprozessualen Situationen geordnete materiellrechtliche Darstellung.

a) Klageanträge

Sicherungshypothek, Mängelbeseitigung, Kostenvorschuß, Wandelung, Minderung Mängelbeseitigung.

167 Sicherungshypothek: Die gelegentlich zu findende Beschränkung auf die Bewilligung ist nicht korrekt, natürlich meistens durch Auslegung oder Hinweis nach § 139 ZPO zu retten. Vielmehr muß auf Einigung und Bewilligung geklagt werden. Der Klageantrag erfordert ferner die bestimmte Bezeichnung der zu sichernden Forderung samt Nebenforderungen und des Grundstücks, auf dem die Hypothek eingetragen werden soll bzw. des grundstücksgleichen Rechts (Wohnungseigentum, Teileigentum "Miteigentumsanteil verbunden mit Sondereigentum an der Wohnung, dem Laden Nr. ", Gebäudeeigentum nach DDR-Recht, Erbbaurecht), anzugeben ist auch die Grundbuchstelle.

168 Mängelbeseitigung: Der Klageantrag auf Mängelbeseitigung erfordert erhebliches taktisches Geschick. Zu bedenken sind einerseits die spezifischen Vorteile der "Symptomtheorie", andererseits die Schwierigkeiten der Zwangsvollstreckung. Allgemeingültige Rezepte können nicht gegeben werden, weil die Kunst gerade darin besteht, die konkrete Situation richtig zu nutzen und eben nicht nur ein Formular abzuschreiben.

Beispiel:

Antrag (formuliert nach: BGH, Urt. v. 20.4.1989 - VII ZR 80/88, BauR 1989, 462 = ZfBR 1980, 213 = WM 1989, 1254):

Der Beklagte wird verurteilt im Haus ... in den Räumen ... (genau) den folgenden Mangel zu beseitigen:

Die Räume können nicht ausreichend beheizt werden. Die Heizungsanlage ist nicht in der Lage, eine gleichmäßige Temperatur von 22° Celsius zu gewährleisten.

Erläuterung: Der Antrag beschreibt präzise das Ziel der Mängelbeseitigung, nämlich eine gleichmäßige Temperatur von x° Celsius zu gewährleisten. Er verzichtet auf jegliche Angabe der Mittel, mit denen dieses Ziel erreicht werden soll und kann. Damit werden alle denkbaren Ursachen für den Mangel erfaßt, nämlich zum Beispiel Planungsmängel bei der Dimensionierung oder bei der Anlage, Ausführungsmängel und schließlich auch Beschädigungen durch vorzeitige Verkalkung oder Korrosion.

Bei Wandelung und Minderung ergeben sich hinsichtlich der Anträge an sich keine baurechtlichen Besonderheiten. Brauchbare Formulierungsvorschläge mit Bezug auf baurechtliche Verhältnisse finden sich etwa bei

Kleine-Möller/Merl/Oelmeier, Handbuch
des privaten Baurechts, § 20 Rz. 359 ff.

b) <u>Besonderheiten des Vorschußprozesses</u>

Darf der Besteller (Auftraggeber) selbst nachbessern, so braucht er nicht die Kosten vorzuschießen. Er kann vielmehr den Unternehmer (Auftragnehmer) auf Zahlung eines Vorschusses für die voraussichtlichen Kosten verklagen. Dieser Anspruch wird vom Bundesgerichtshof aus Treu und Glauben hergeleitet. Der Vorschuß ist nichts Endgültiges, er muß vielmehr nach erfolgter Nachbesserung abgerechnet werden.   169

Daraus ergeben sich eine Reihe von Besonderheiten. So unterbricht die Vorschußklage - auf "Vollvorschuß" - die Verjährung wegen der gesamten, nicht nur wegen der als Vorschuß geltend gemachten Nachbesserungskosten. Das gilt auch, wenn sich im Laufe des Prozesses herausstellt, daß die Nachbesserung eine völlig andere Qualität hat, als ursprünglich angenommen (Stichwort: Symptomtheorie). An die Ermittlung der Nachbesserungskosten sind im Vorschußprozeß unter Umständen geringere Anforderungen als an den Nachweis zu stellen. Für die Rechtskraft schließlich ist bedeutsam, daß das Vorschußurteil nicht die Kosten der Nachbesserung präjudiziert.

Prozeßtaktisch muß unter allen Umständen vermieden werden, daß eine so nicht beabsichtigte Klage als Klage auf Teilvorschuß ausgelegt werden kann. Unter dieser Voraussetzung kann es durchaus sinnvoll sein, zur Minderung des Kostenrisikos bei der Bemessung des Vorschusses zurückhaltend zu sein.

Recht unterschiedlich sind die Anforderungen, die die Oberlandesgerichte an die Genauigkeit der Vorschußberechnung stellen. Die Unterschiede hängen wohl auch zum Teil damit zusammen, daß die Prozeßtaktik der Kläger recht unterschiedlich ist. Ein eher überzogener Vorschuß erfordert natürlich von der Sache her andere Substantiierung und Beweisführung als ein Vorschuß, der sich offensichtlich an der untersten Grenze bewegt.

Lesenswerte BGH-Entscheidungen zu Vorschußproblemen sind:

BGH BGHZ 47, 272 und

BGH, Urt. v. 5.5.1977 - VII ZR 36/76, BGHZ 68, 372, 378 = BauR 1977, 27 = WM 1977, 741 = NJW 1977, 1336.

Die spätere Rechtsprechung befaßt sich u.a. mit Verzinsung, Aufrechnung, Abrechnung, Symptomtheorie, also teilweise mit Randproblemen.

Klageantrag (formuliert nach: BGH, Urt. v. 20.4.1989 - VII ZR 80/88, BauR 1989, 462 = ZfBR 1989, 213 = WM 1989, 1254):

Der Beklagte wird verurteilt, Vorschuß in Höhe von X DM zuzüglich X % Zinsen für die Beseitigung des folgenden Mangels zu bezahlen: Im Haus A können die Räume Y nicht ausreichend beheizt werden. Die Heizungsanlage ist nicht in der Lage, eine gleichmäßige Temperatur von 22° Celsius zu gewährleisten.

Vorschuß gibt es übrigens auch nach Kündigung durch den Auftraggeber zur Herstellung der vertragsgemäßen Leistung.

In unserem Verlag sind u.a. folgende aktuelle Veröffentlichungen zum Bau- und Grundstücksrecht erschienen:

Prof. Dr. Steffen Gronemeyer, Paderborn
Genehmigungsverfahren nach dem BImschG
Probleme der neuen Bundesländer.
RWS-Skript 248. 1992.
Brosch. DIN A 5.
ISBN 3-8145-0248-5
Erscheint im Dezember 1992

RA Wolfgang Lenz, Fachanwalt für Verwaltungsrecht, Köln
Stadtbaudirektor Dipl.-Ing. Detlef Heintz, Köln
Öffentliches Baurecht nach der Rechtslage in den
neuen Bundesländern
RWS-Skript 231. 1992
Brosch. 384 Seiten. DIN A 5. DM 79,--.
ISBN 3-8145-0231-0

Richter am BGH Prof. Friedrich Quack, Karlsruhe
Höchstrichterliche Rechtsprechung zum
privaten Baurecht
Stand 1992.
RWS-Skript 235. 1992
Brosch. 126 Seiten. DIN A 5. DM 52,--.
ISBN 3-8145-0235-3

Richter am OLG Dr. Peter Siegburg, Köln
Gewährleistung beim Bauvertrag
2., neubearb. Aufl. 1989.
Brosch. 292 Seiten. DIN A 5. DM 86,--.
ISBN 3-8145-8013-3

RA Dr. Michael Uechtritz, Stuttgart
Öffentliches Baurecht
Bauplanungsrecht, Baugenehmigungsrecht,
Verwaltungsprozeß.
RWS-Grundkurs 10. 1992.
Brosc. DIN A 5
ISBN 3-8145-0810-6
Erscheint im November 1992

Bitte fordern Sie unser aktuelles Verlagsverzeichnis an!

 Verlag Kommunikationsforum GmbH Recht Wirtschaft Steuern
Postfach 27 01 25, 5000 Köln 1, Telefon (0221/4 00 88-0)